Stimmungsvolle
Jahresfeste
im Kindergarten

Aline Kurt

Bunte Blätter überall

Kita-Ideen für Herbst, Erntedank und Sankt Martin

Verlag an der Ruhr

Impressum

Titel
Stimmungsvolle Jahresfeste im Kindergarten
Bunte Blätter überall
Kita-Ideen für Herbst, Erntedank und Sankt Martin

Autorin
Aline Kurt

Titelbildmotiv
Eicheln: © TADDEUS | Fotolia.com
Laub, Kastanien, Kürbis: © samael334 | Fotolia.com
Farbkreis: © Otto Durst | Fotolia.com

Innenteil
Foto Eicheln: © TADDEUS | Fotolia.com
wenn nicht anders angegeben: Verlag an der Ruhr
Illustrationen wenn nicht anders angegeben: Petra Lefin

Druckerei
Media Print Informationstechnologie GmbH, Paderborn, DE

Verlag an der Ruhr
Mülheim an der Ruhr
www.verlagruhr.de

Geeignet für Kinder von 3–6 Jahren

ISBN 978-3-8346-3668-3

Inhaltsverzeichnis

Vorwort 5

Basteln

Kastanien-Eichhörnchen 8
Papprollen-Eule 9
Kartoffel-Igel 10
Bunte Pfeifenputzer-Schnecke 11
Bunte Kürbisse 12
Fingerabdruck-Baum 13
Obst und Gemüse mal anders 14
Bunte Herbstfaltblätter 15
Fliegender Drache 17
Igel-Laterne 19
Bunte Eulenlaterne 22
Futterplatz für Vögel 24

Essen und Trinken

Süße Brezeln 26
Igelkekse 28
Kürbiskuchen 29
Apfel-Crumble 30
Süßer Kartoffelkuchen 31
Birnen-Maus 32
Pflaumen-Sorbet für warme Herbsttage 33
Gesunde Nussriegel 34
Walnussmilch 35
Herbst-Shake 36

Zuhören

Der glückliche Apfelbaum 38
Der Drache im Baum 41
Mimi hat viel zu tun 45
Herbstspaß 49
Sankt Martin 52

Inhaltsverzeichnis

Singen

Ich bin eine Kastanie . . . 56
Bunt sind schon die Wälder . . . 58
Alle Blätter sind schon bunt . . . 60
Hejo, spann den Wagen an . . . 62
Die Laterne leuchtet . . . 63
Ein bisschen so wie Martin . . . 65

Spielen und Experimentieren

Herbst-Fingerspiele . . . 68
Herbst-Tic-tac-toe . . . 70
Herbstbingo . . . 71
Fliegender Wechsel . . . 75
Kartoffel unter Strom . . . 76
Nüsse vergraben . . . 77
Herbstregen . . . 78
Goldener Oktober mit allen Sinnen . . . 80
Stürmisches Wetter . . . 81
Zahlen-Igel . . . 82
Schnecke, Schnecke, dein Haus ist weg! . . . 84
Blätter-König(in) . . . 85

Feiern

Herbstfest . . . 88
Erntedankfeier . . . 90
Sankt Martin . . . 92
Laternenfest . . . 94

Vorwort

Liebe Erzieherinnen*, Eltern und Tageseltern,

um uns herum wird es langsam, aber sicher **bunt**. In leuchtendem Rot, Orange und Gelb strahlen uns die Blätter der Laubbäume entgegen. Hier und da erhaschen wir noch den einen oder anderen **warmen Sonnenstrahl**, der uns an die vergangenen Sommertage denken lässt. Die Insekten ziehen sich langsam zurück und viele Tiere bereiten sich auf den **Winterschlaf** oder die **Winterruhe** vor. Igel schlagen sich die Bäuche voll und krabbeln in die schönsten Laubhaufen. Eichhörnchen flitzen emsig umher und verstauen ihre Vorräte. Die vorbeiziehenden Kraniche grüßen mit lautstarken Rufen auf ihrem Weg in den Süden. Es ist so weit: **Der Herbst ist da.**

Lassen Sie uns gemeinsam mit den Kindern diese tolle Jahreszeit **genießen**. Um Ihnen den ohnehin schon stressigen Alltag zu erleichtern, habe ich Ihnen in diesem Band zahlreiche Ideen zusammengestellt, um den Herbst zur **unvergesslichen Jahreszeit** für die Kinder werden zu lassen. Zum größten Teil kommen die hier vorgestellten Aktivitäten ohne große Vorbereitung aus.
An der einen oder anderen Stelle lässt es sich jedoch nicht vermeiden, dass Sie ein wenig mehr Zeit in die Vorbereitung investieren müssen. Doch dafür werden Sie letztendlich mit **leuchtenden Kinderaugen** belohnt und erfreuen sich hoffentlich auch selbst an den Aktivitäten.

Wie auch die anderen beiden Bände dieser Reihe, „Jetzt beginnt die Lichterzeit …“ (ISBN 978-3-8346-3216-6) und „Wenn die Vögel wieder singen …“ (ISBN 978-3-8346-3613-3), wurde auch dieses Buch bewusst in die folgenden sechs Kapitel aufgeteilt:

- Basteln
- Essen und Trinken
- Zuhören
- Singen
- Spielen und Experimentieren
- Feiern

In allen Bereichen finden Sie Ideen für **Herbst**, **Erntedank** und **Sankt Martin**. Zu Beginn eines jeden Angebotes gibt es einen **Übersichtskasten**, der Sie über die ungefähre **Dauer**, die **Altersgruppe** und die benötigten **Materialien** informiert.

* Aus Gründen der besseren Lesbarkeit haben wir in diesem Buch durchgehend die weibliche Form verwendet. Natürlich sind damit auch immer Männer gemeint, also Erzieher, Pädagogen und Fachanleiter etc.

Vorwort

Wenn Sie die **Bastelarbeiten** mit den Kindern durchführen, denken Sie bitte stets daran, Tische und Kleidung vor Verunreinigungen zu schützen. **Zeitungspapier** und **Wachstischdecken** erweisen sich hier als hilfreich. Ein altes Hemd schützt effektiv die Kleidung der Kinder. Manchmal wird mit Acryl- oder anderen Farben gearbeitet. Stellen Sie sicher, dass die Kinder nichts mehr in den Mund stecken, und führen Sie das Angebot ggf. nur mit den älteren aus. Im weiteren Verlauf wird hierauf nicht mehr explizit hingewiesen, da es alle Ideen im Kapitel „Basteln" betrifft.

Im **Kapitel „Essen und Trinken"** benötigen Sie für das ein oder andere Rezept Mehl und Butter. Sollte eines der Kinder an **Glutenunverträglichkeit** oder **Zöliakie** leiden, ersetzen Sie bitte das glutenhaltige Mehl durch **Reismehl**. Hier müssen Sie jedoch zusätzlich 1–2 TL **Guarkernmehl** zufügen, um die fehlende Bindekraft des Reismehls auszugleichen.
Auch wenn **Margarine** nicht den besten Ruf hat, können Sie diese **anstelle von Butter** verwenden, sofern eines der Kinder an einer **Milchfettallergie** leidet. Sollten Sie den Verzehr von Margarine jedoch konsequent ablehnen, greifen Sie stattdessen einfach auf Kokosöl zurück.
Damit **Diabetikerkinder** vom Gruppengeschehen nicht ausgeschlossen werden, bitte ich Sie, herkömmlichen **Zucker** durch **Birkenzucker** zu ersetzen. Dieser natürliche „Zuckerersatz" hat keinen unangenehmen Beigeschmack und tangiert den Blutzuckerspiegel nicht.
Achten Sie bitte generell auf eventuell vorhandene Allergien der Kinder.

Im letzten Teil des Buches finden Sie das **Kapitel „Feiern"**. Hier habe ich für Sie aus den Angeboten dieses Buches vier Motto-Feste zusammengestellt, mit deren Hilfe Sie Herbst, Erntedank und Sankt Martin gebührend feiern können. Das **Laternenfest** bietet dabei ein Pedant zum religiös bezogenen **Sankt-Martins-Umzug**.

So, nun möchte ich Ihre kostbare Zeit aber nicht länger in Anspruch nehmen. Erfreuen Sie sich am Herbst und genießen Sie die **himmlische Luft**.

Ihre *Aline Kurt*

Basteln

Kastanien-Eichhörnchen

Zeitbedarf	ca. 20 Minuten
Alter	ab 4 Jahren
Material	Zahnstocher brauner Filz Bastelkleber 1 schwarzer, wasserfester Filzstift 1 Prickelnadel oder Ahle Für jedes Kind: 2 Kastanien 2 Wackelaugen 1 brauner Pfeifenputzer 1 Schere

So geht's

1. Jedes Kind erhält zwei Kastanien, die es mit einem Zahnstocher aufeinander fixiert. Die Kinder können mit der Prickelnadel oder Ahle Löcher vorbohren und dann den Zahnstocher einsetzen. Helfen Sie den Kindern, wenn es nötig ist, und achten Sie darauf, dass sich niemand verletzt.
2. Die Kinder schneiden, ggf. mit Ihrer Hilfe, aus dem Filz zwei Ohren und zwei Pfoten aus. Die Ohren werden auf die obere Kastanie geklebt. Die Pfoten fixieren die Kinder jeweils links und rechts an der Außenseite der unteren Kastanie.
3. Nun erhält das Eichhörnchen seine Füße und den Puschelschwanz. Dazu wird der Pfeifenputzer zunächst in der Mitte gebogen. Die Kinder setzen das Kastanien-Eichhörnchen auf die beiden gleich langen Endstücke des Pfeifenputzers und kleben diese fest. Der Pfeifenputzer wird nun nach oben gebogen. So gelingt ein typischer Eichhörnchenschwanz.
4. Zum Schluss gestalten die Kinder das Gesicht, indem sie die beiden Wackelaugen aufkleben und Nase und Mund mit einem schwarzen Filzstift aufmalen.

Tipp

Anstelle des Bastelklebers können Sie auch eine Heißklebepistole nutzen. Übernehmen Sie jedoch bitte in diesem Fall das Kleben, um Verbrennungen zu vermeiden.

Papprollen-Eule

Zeitbedarf	ca. 30 Minuten (ohne Trockenzeit)
Alter	ab 3 Jahren
Material	braune Abtön- oder Fingerfarbe; orangefarbenes und braunes Tonpapier; 1 Bleistift; Bastelkleber Für jedes Kind: 1 leere Toilettenpapierrolle; 1 Pinsel; 1 Wasserglas; 2 große Wackelaugen; bunte Bastelfedern; 1 Schere

So geht's

1. Teilen Sie jedem Kind eine leere Toilettenpapierrolle aus, die es mit brauner Abtön- oder Fingerfarbe anmalt.
2. Nach dem Trocknen drücken die Kinder das obere Ende der Toilettenpapierrolle etwas zusammen und knicken die entstandenen Seiten zur Mitte ein, sodass die Ohren der Eule entstehen.
3. Anschließend kleben die Kinder vereinzelt Federn auf den Eulenkörper.
4. Während die Federn antrocknen, werden Füße und Schnabel auf braunes bzw. orangefarbenes Tonpapier gezeichnet, ausgeschnitten und auf die Eule an die jeweils passende Stelle geklebt.
5. Zuletzt kleben die Kinder noch die zwei großen Wackelaugen auf.

Tipp

Ihnen erscheint das Anmalen der Toilettenpapierrolle zu umständlich? Alternativ können die Kinder die Papprolle auch mit Bastelkleber einstreichen und mit braunem Krepppapier umwickeln.

Kartoffel-Igel

Zeitbedarf	ca. 10 Minuten
Alter	ab 3 Jahren
Material	- Bucheckernschalen oder Zahnstocher - 1 schwarzer oder brauner Filzstift Für jedes Kind: - 1 große Kartoffel

So geht's

1. Überlegen Sie zunächst gemeinsam mit den Kindern, was sie über Igel wissen. Wie sehen sie aus? Wo leben sie? Was wissen die Kinder noch über Igel? Hat jemand schon einmal einen Igel gesehen?
2. Jedes Kind darf sich anschließend eine Kartoffel aussuchen und darauf zunächst ein Gesicht malen.
3. Anschließend benötigt der Kartoffel-Igel natürlich noch Stacheln, um ein echter Igel zu sein. Diese werden durch die stacheligen Schalen von Bucheckern oder durch Zahnstocher symbolisiert, die dicht an dicht auf der Oberseite der Kartoffel eingesteckt werden.

Tipp

Sammeln Sie die Bucheckernschalen gemeinsam mit den Kindern und verbinden Sie die Materialsuche mit einem schönen Herbstspaziergang, bei dem die Jungen und Mädchen auch noch andere Naturmaterialien, wie bunte Blätter, Kastanien, Eicheln usw., sammeln dürfen.

© 7monarda | Fotolia.com

Bunte Pfeifenputzer-Schnecke

Zeitbedarf	ca. 5 Minuten
Alter	ab 3 Jahren
Material	Für jedes Kind: ❧ 2 Pfeifenputzer ❧ Bastelkleber

So geht's

1. Jedes Kind sucht sich zwei Pfeifenputzer aus. Einen der beiden Pfeifenputzer knicken die Kinder mittig und verzwirbeln die beiden Enden, sodass eine Art Kordel entsteht. Diese ist der Schneckenkörper.
2. Aus dem zweiten Pfeifenputzer wird das Schneckenhaus gestaltet. Dazu wickeln die Kinder den Pfeifenputzer kreisförmig auf und fixieren das untere Ende mit einem Tropfen Bastelkleber.
3. Zum Schluss kleben die Kinder das Schneckenhaus auf den Körper.

Tipp

Um eine dreidimensionale Schnecke zu erhalten, können die Kinder auch eine Styroporkugel mit dünnen Stoffstreifen umwickeln.

Bunte Kürbisse

Zeitbedarf	ca. 20 Minuten (ohne Vorbereitungszeit)
Alter	ab 3 Jahren
Material	1 Päckchen Gelatinepulver 1,6 l Wasser 100 g Kartoffelstärke je ½ TL Farbpigmente (rot, grün, blau, gelb) 1 Schneebesen 1 Topf 4 Gläser mit Schraubverschluss 1 Tasse Für jedes Kind: 1 kleiner, nicht zu stark gemusterter Zierkürbis

Vorbereitung

Bereiten Sie die Farbe wie folgt vor:

1. Geben Sie das Gelatinepulver in den Kochtopf. Fügen Sie unter ständigem Rühren 1 Tasse Wasser (ca. 250 ml) hinzu. Rühren Sie anschließend die Kartoffelstärke und das restliche Wasser unter.
2. Erwärmen Sie die Masse unter ständigem Rühren. Sollte Ihnen die Masse zu fest erscheinen, können Sie noch etwas Wasser hinzufügen.
3. Sobald die Masse aufhellt, nehmen Sie diese vom Herd und verteilen Sie gleichmäßig auf die vier Schraubgläser. Rühren Sie in jedes Schraubglas eine andere Sorte Farbpigmente ein. Nach dem Abkühlen ist die besondere Fingerfarbe einsatzbereit.

So geht's

Fordern Sie die Kinder auf, ihren Kürbis mit der Fingerfarbe gemäß der Jahreszeit zu verzieren. Wie der Name der Farbe schon suggeriert, nutzen die Kinder hierzu ihre Finger.

Tipps

- Sie haben keine Zeit, die Farbe herzustellen? Kein Problem! Nutzen Sie stattdessen einfach Acrylfarbe zum Bemalen der Kürbisse.
- Sollten Sie keine Farbpigmente auftreiben können, lassen sich diese auch durch Lebensmittelfarben ersetzen.

Fingerabdruck-Baum

Zeitbedarf	ca. 20 Minuten
Alter	ab 3 Jahren
Material	bunte Fingerfarbe 1 Pinsel 1 Bogen heller Tonkarton (DIN A3) 1 Pappteller pro Farbton 1 brauner Buntstift

Vorbereitung

Zeichnen Sie den Baumstamm und einzelne Äste mit dem braunen Buntstift auf den Tonkarton. Alternativ können Sie den Baumstamm und die Äste auch mit der Fingerfarbe aufmalen. Dann sollten Sie das Bild vor der weiteren Verwendung trocknen lassen.

© Aline Kurt

So geht's

1. Schütten Sie auf jeden Pappteller etwas Farbe.
2. Legen Sie das vorbereitete Baumplakat in die Mitte des Tisches.
3. Jedes Kind taucht nun seinen Daumen in eine Farbe seiner Wahl und drückt diesen auf das Plakat. Wiederholen Sie den Vorgang so oft, bis ein prachtvoller Herbstbaum entstanden ist.

Tipp

Natürlich kann auch jedes Kind seinen eigenen Fingerabdruck-Baum gestalten.
In diesem Fall malen die Kinder Baumstamm und Äste selbst. Denken Sie daran, dass die Bilder zunächst trocknen müssen, bevor die Fingerabdruck-Blätter angebracht werden können.

Obst und Gemüse mal anders

Zeitbedarf	ca. 10 Minuten (ohne Vorbereitungszeit)
Alter	ab 3 Jahren
Material	60 ml Sonnenblumenöl; 600 ml Wasser; je 1 Päckchen rotes, grünes, gelbes Wackelpuddingpulver; 450 g Mehl; 450 g Salz; 3 Päckchen Sahnesteifpulver; 1 Kochtopf; 1 Mixer (mit Knethaken); 1 Löffel; 3 Plastikschüsseln mit Deckel

Vorbereitung

Bereiten Sie die Knetmasse vor:

1. Kochen Sie das Wasser zusammen mit dem Öl kurz auf.
2. Geben Sie in der Zwischenzeit je 1 Päckchen Wackelpuddingpulver, 150 g Mehl, 150 g Salz und 1 Päckchen Sahnesteifpulver jeweils in eine Rührschüssel und mischen Sie alles mit dem Löffel.
3. Verteilen Sie das Wasser-Öl-Gemisch auf die drei Schüsseln und vermischen Sie dieses mit dem Handrührgerät. Nutzen Sie dazu die Knethaken.
4. Lassen Sie die Knetmasse gut abkühlen, bevor sie den Teig mit den Händen kräftig durchkneten.

So geht's

Die Kinder können zunächst nach Herzenslust die Knete ausprobieren und damit experimentieren. Überlegen Sie danach gemeinsam mit den Kindern, welche Obst- und Gemüsesorten im Herbst geerntet werden können (Äpfel, Birnen, Beeren, Pflaumen, Möhren, Kohl, Kartoffeln usw.). Anschließend dürfen die Kinder selbst Herbstfrüchte herstellen.

Tipp

Die Knetmasse lässt sich in einer luftdicht verschließbaren Plastikschüssel ca. zwei Wochen aufbewahren.

© dule964 | Fotolia.com

Bunte Herbstfaltblätter – Durchführung

Zeitbedarf	ca. 20 Minuten
Alter	ab 4 Jahren
Material	❧ Vorlage „Bunte Herbstfaltblätter" (S. 16) ❧ Malstifte

Vorbereitung

Kopieren Sie die Vorlage für jedes Kind, vergrößert auf DIN A4 (135 %).

So geht's

1. Überlegen Sie zunächst gemeinsam mit den Kindern, welche Farben die Blätter im Herbst annehmen. Anschließend malt jedes Kind die Herbstblätter auf seiner Vorlage entsprechend bunt an.
2. Bitten Sie die Kinder, ihr Herbstbild an den Markierungen zu knicken. Auf diese Weise entsteht eine Art Fächer. Wird dieser wieder aufgeklappt und das Bild aufgehängt, entstehen tolle Effekte beim Betrachten des Bildes.

Tipps

- Die Faltbilder können Sie auch leicht selbst erstellen und die Kinder mit weiteren herbstlichen Motiven füllen lassen. Nehmen Sie dazu ein Blatt Papier, auf dem Sie die Markierungen zum späteren Falten einzeichnen. Achten Sie hier auf den gleichen Abstand. Anschließend kopieren Sie Ihre Vorlage und lassen die Kinder Herbstmotive ihrer Wahl darauf zeichnen und ausmalen. Abschließend wird auch hier wieder die Vorlage fächerartig gefaltet.
- Alternativ können die Kinder ihre Blätter vor dem Bemalen knicken, wieder aufklappen und anschließend mit Herbstmustern verzieren.

Bunte Herbstfaltblätter – Vorlage

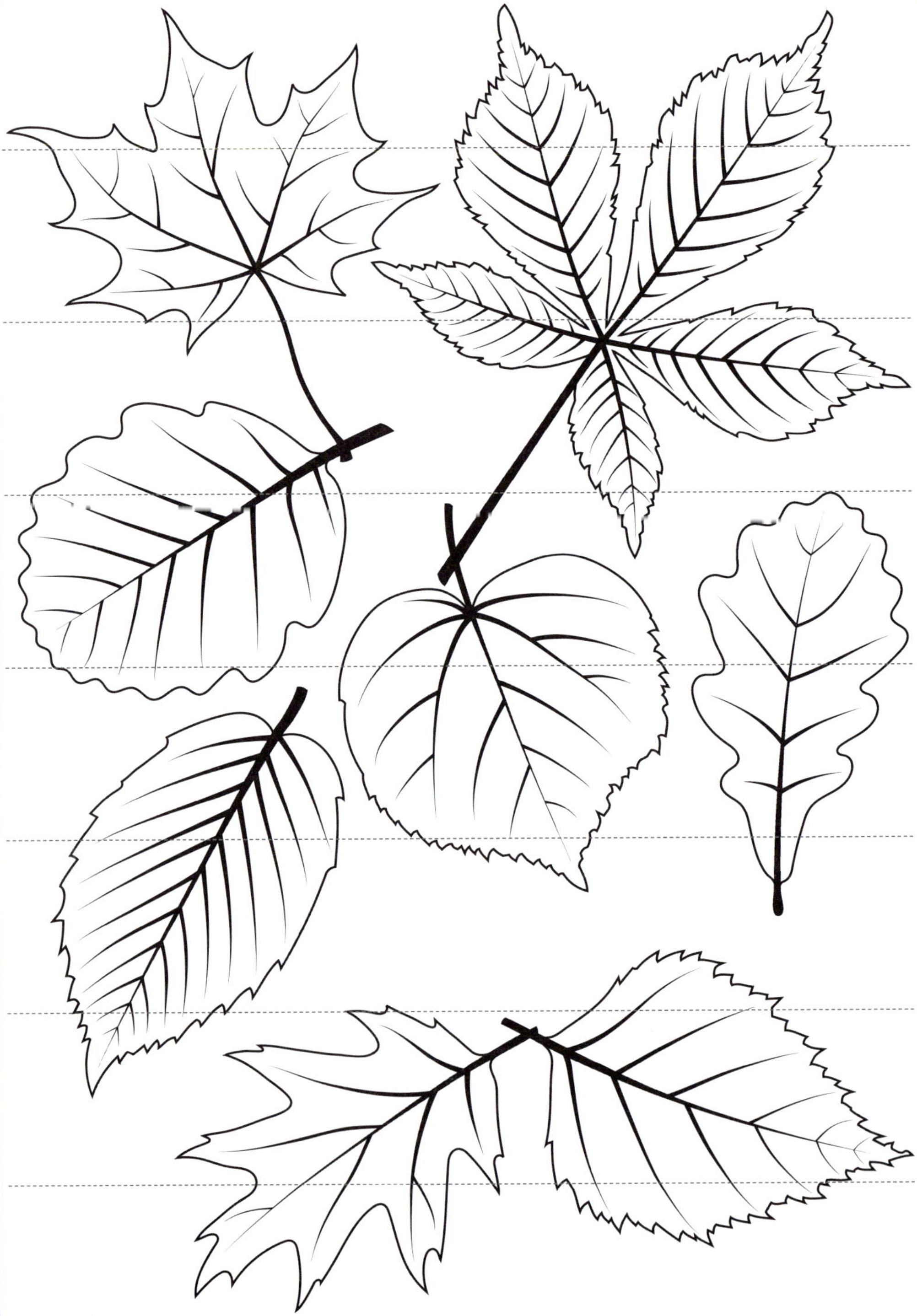

© Verlag an der Ruhr | Autorin: Aline Kurt | ISBN 978-3-8346-3668-3

Fliegender Drache – Durchführung

Zeitbedarf ca. 30 Minuten (ohne Vorbereitungszeit)

Alter ab 5 Jahren

Material

- 1 Tacker
- 1 dicke Stopfnadel
- Kleber
- buntes Krepppapier
- Wolle oder Garn
- 1 Filzstift

Für jedes Kind:

- Vorlage „Fliegender Drache" (S. 18)
- Drachenpapier (DIN A4), alternativ Transparentpapier
- 2 lange, dünne Strohhalme, alternativ Schaschlikspieße
- 1 leere Toilettenpapierrolle
- 1 Schere

Vorbereitung

Kopieren Sie die Drachenvorlage, vergrößert auf DIN A4 (135 %), für jedes Kind. Legen Sie das Drachenpapier auf die Vorlage und tackern Sie die äußeren Ränder fest, sodass nichts verrutschen kann.

So geht's

1. Jedes Kind schneidet die Drachenvorlage und den kleinen Fadenhalter aus.
2. Die kreuzförmigen Markierungslinien übertragen die Kinder grob mit einem Filzstift und kleben hier die beiden dünnen Strohhalme auf, die evtl. mit der Schere noch etwas gekürzt werden müssen, sodass nichts übersteht.
3. Die Kinder schneiden vier Streifen Krepppapier ab und kleben diese ans untere Ende des Drachens. Die Strohhalme liegen dabei auf der Tischplatte auf.
4. Nun wird der Fadenhalter ebenfalls auf dieser Seite angebracht. Dazu knicken die Kinder diesen zunächst entlang der gestrichelten Linie und kleben ihn anschließend mittig entlang der schraffierten Fläche auf den Drachen.
5. Die Kinder wickeln ausreichend Wolle oder Garn auf die leere Toilettenpapierrolle. Hier kann ruhig ein Meter Wolle oder Garn aufgewickelt werden.
6. Beim nächsten Schritt benötigen die Kinder etwas Hilfe. Nähen Sie für jedes Kind das Endstück der Wolle oder des Garns vorsichtig am Fadenhalter fest.

Tipp

Testen Sie die Flugfähigkeit der Drachen gemeinsam beim nächsten Herbstwind.

Fliegender Drache – Vorlage

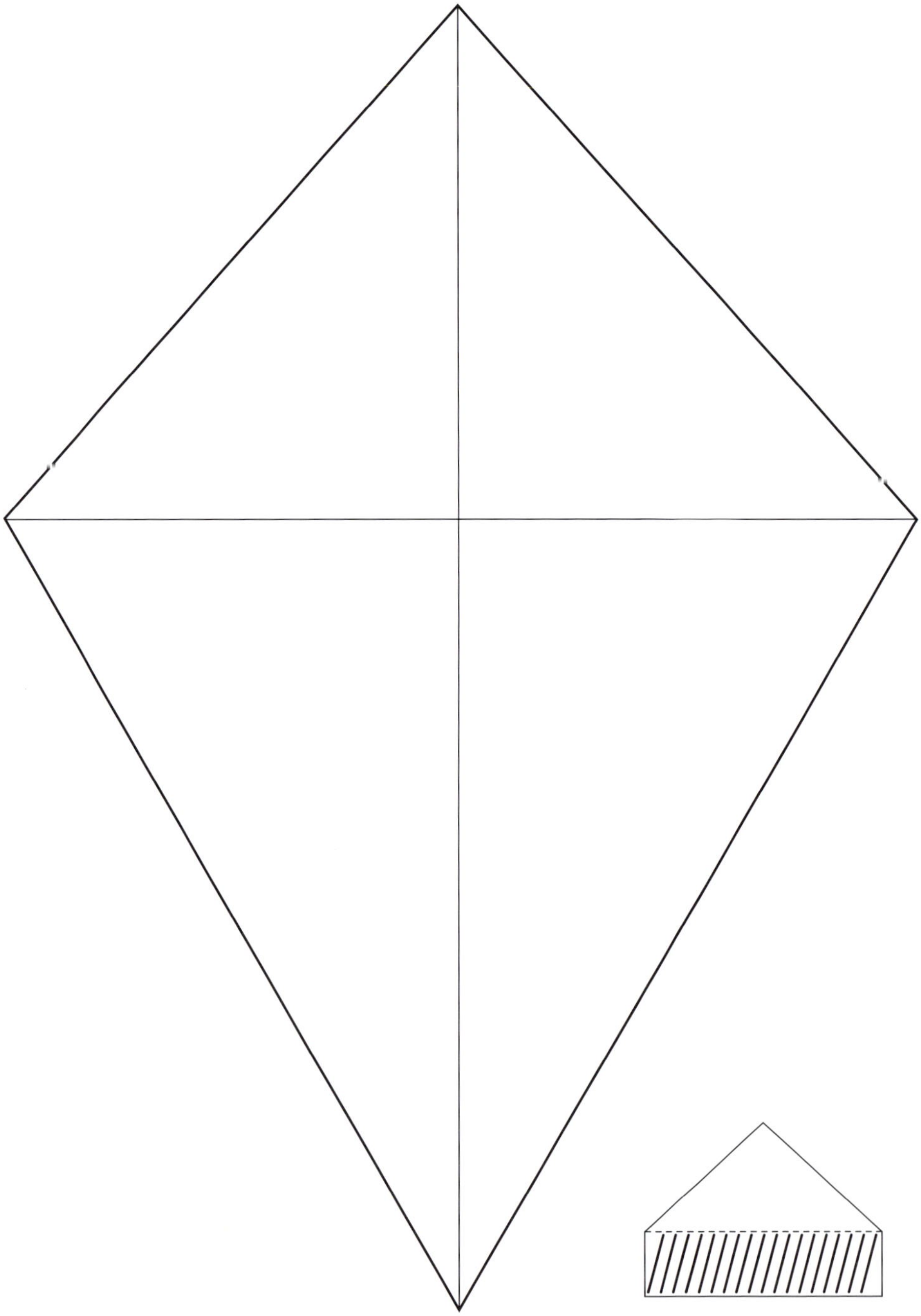

Igel-Laterne – Durchführung

Zeitbedarf ca. 45 Minuten (ohne Vorbereitungs- und Wartezeit)

Alter ab 5 Jahren

Material

- 1 Päckchen Tapetenkleister
- 1 alte Schüssel/1 kleiner Eimer
- 1 Schneebesen o. Ä. zum Rühren
- Vorlage „Igel-Laterne" (S. 21)
- 1 Nadel
- Basteldraht
- braunes Tonpapier
- Buntstifte

Für jedes Kind:

- 1 Luftballon
- 5–6 Bögen Seidenpapier, alternativ Transparentpapier
- 1 Laternenstab
- evtl. 2 Wackelaugen
- 1 Schere

Vorbereitung

1. Kopieren Sie die Vorlage für jedes Kind, vergrößert auf DIN A4 (135 %).
2. Stellen Sie den Tapetenkleister gemäß der Packungsanweisung her.
3. Blasen Sie für jedes Kind einen Luftballon auf und verknoten Sie diesen.

So geht's

1. Teilen Sie den Kindern die benötigten Bastelmaterialien aus. Zunächst reißen die Kinder das Seidenpapier in ca. 10 cm große Stücke.
2. Anschließend streichen sie diese mit Kleister ein und drücken sie vorsichtig auf den Luftballon.
3. Auf diese Weise verfahren die Kinder, bis der Ballon rundum dicht mit Seidenpapier umhüllt ist. Dazu müssen ca. fünf Schichten Seidenpapierschnipsel übereinander aufgetragen werden. Dabei muss darauf geachtet werden, am oberen Teil des Ballons eine ca. 4 x 4 cm breite Fläche frei zu lassen.
4. Während die Ballons nun über Nacht trocknen müssen, können die Kinder bereits die Vorlage für die Igelschnauze ausschneiden, auf Tonkarton legen und die Umrandungen nachfahren. Anschließend werden auch diese ausgeschnitten. Die Kinder können entweder mit Buntstiften ein Gesicht aufmalen oder Wackelaugen aufkleben und eine runde Nase aus Tonpapier ausschneiden und aufkleben.

Igel-Laterne – Durchführung

5. Sobald das Seidenpapier am nächsten Tag gut getrocknet ist, dürfen die Kinder ihren Ballon mit einer Nadel zum Platzen bringen. Die Ballonreste werden anschließend vorsichtig durch die obere Öffnung entfernt.
6. Auf diese Laternengrundform kleben die Kinder anschließend das Tonpapiergesicht.
7. Nutzen Sie die Zwischenzeit, um für jedes Kind einen Laternenbügel herzustellen. Schneiden Sie dazu ein ca. 20 cm langes Stück Basteldraht ab. Beim Befestigen des Bügels benötigen die Kinder Ihre Hilfe. Stechen Sie den Basteldraht vorsichtig durch den oberen Rand und verzwirbeln Sie das Ende. Das andere Ende des Drahtes stechen Sie durch die gegenüberliegende Seite und verzwirbeln dieses auch hier.
8. Sobald der elektrische Laternenstab angebracht ist, ist die Laterne einsatzbereit.

© Aline Kurt

Tipps

- Seidenpapier ist oftmals recht teuer. Um Kosten zu sparen, können Sie die Igel-Laternen auch mit Transparentpapier basteln.
- Laternenbügel gibt es auch fertig zu kaufen. Als Alternative zum Basteldraht können Sie auch auf andere Drahtsorten ausweichen.

Igel-Laterne – Vorlage

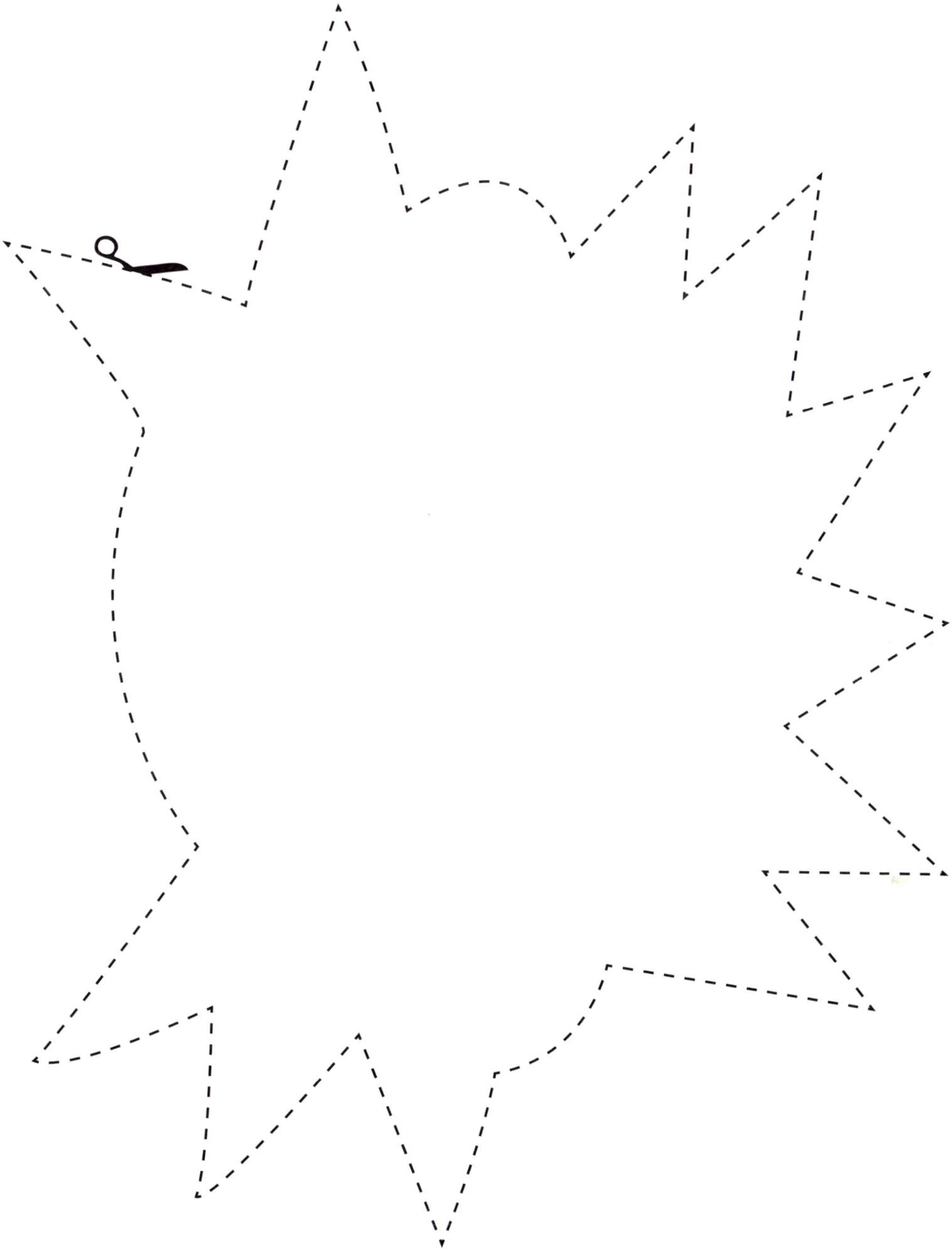

Bunte Eulenlaterne – Durchführung

Zeitbedarf ca. 30 Minuten (ohne Vorbereitungszeit)

Alter ab 3 Jahren

Material

- Vorlage „Bunte Eulenlaterne" (S. 23)
- 1 Cutter-Messer
- Transparentpapier
- bunter Tonkarton (DIN A4)
- Bastelkleber
- bunte Bastelfedern

Für jedes Kind:

- 1 leere PET-Flasche (1,5 l)
- 2 Wackelaugen
- 1 Schere

Vorbereitung

1. Übertragen Sie die Vorlage für jedes Kind vergrößert auf bunten Tonkarton.
2. Entfernen Sie den oberen Teil der PET-Flaschen. Achten Sie darauf, dass keine scharfen Kanten entstehen. Sie können den Rand der Flasche mit Klebeband abkleben, um ganz sicher zu sein.

So geht's

1. Die Kinder reißen das Transparentpapier in Stücke. Jedes Kind erhält nun eine PET-Flasche, die es mit Bastelkleber einstreicht. Anschließend wird das Transparentpapier auf den Bastelkleber gedrückt.
2. Während der Kleber trocknet, schneiden die Kinder die vorbereiteten Vorlagen aus und kleben diese auf die PET-Flaschen. Das Eulengesicht wird dabei nahe des oberen Randes angebracht, die Flügel links und rechts an der Flasche und die Füße unterhalb der Flasche.
3. Zum Schluss erhält die Eule noch ihre beiden Wackelaugen, die auf den Tonkartonaugen fixiert werden.
4. Abschließend kleben die Kinder vereinzelt Federn auf die Laterne.

Tipp

Die bunten Eulenlaternen sollten ausschließlich mit einem elektrischen Laternenstab betrieben werden.

© Aline Kurt

Bunte Eulenlaterne – Vorlage

Futterplatz für Vögel

Zeitbedarf ca. 25 Minuten (ohne Trockenzeit)

Alter ab 4 Jahren

Material

- Acrylfarbe (gelb, rot, grün, blau), alternativ Kreidefarbe
- 1 Cutter-Messer
- 1 Schere
- Wollfäden
- Sonnenblumenkerne
- Haferflocken
- Rosinen

Für jedes Kind:

- 1 leerer Tetrapak mit Deckel
- 1 Pinsel

So geht's

1. Schneiden Sie mit dem Cutter-Messer je ein großes Fenster in den unteren Teil der Tetrapaks, durch das die Vögel in den Karton gelangen können. Der Abstand zum Boden des Kartons sollte ca. 2–3 cm betragen.
2. Die Kinder können ihren Tetrapak in der Farbe ihrer Wahl anmalen. Mit Acrylfarbe braucht es eventuell mehrere Schichten, bis die Farbe deckt. Schneller geht es mit Kreidefarbe.
3. Nutzen Sie die Trockenzeit, um mit den Kindern über Singvögel im Herbst zu sprechen. Wer hat schon einmal Vögel gefüttert? Warum fangen wir jetzt im Herbst schon damit an?
4. Nach dem Trocknen der Grundierung malen die Kinder bunte Blätter oder andere Herbstmotive ihrer Wahl auf das Vogelhäuschen.
5. Wenn die Futterhäuschen trocken sind, verknoten Sie die Wolle am oberen Ende des Tetrapaks und befüllen es mit Sonnenblumenkernen, Haferflocken und Rosinen.
6. Überlegen Sie sich abschließend gemeinsam mit den Kindern geeignete Plätze und hängen Sie die Futterhäuschen dort auf. Achten Sie darauf, dass der Abstand zum Boden groß genug ist, damit Ihre gefiederten Freunde nicht von Katzen überrascht werden. Es sollte auch nicht hineinregnen.

Essen und Trinken

© seen | Fotolia.com

© Smileus | Fotolia.com

Süße Brezeln

Zeitbedarf ca. 20 Minuten (ohne Vorbereitungs- und Backzeit)

Alter ab 3 Jahren

Zutaten (für 12 Brezeln)

- 1 Würfel Hefe
- 350 ml lauwarmes Wasser
- 2 Päckchen Vanillezucker
- 5 EL Zucker
- 600 g Mehl
- 1 Prise Salz
- 6 EL Sahne
- 3 Eigelb
- 70 g geschmolzene Butter
- 100 g Zucker
- etwas Zimt

außerdem:

- 2 Schüsseln
- 2 Backbleche
- Backpapier
- 1 Topf
- 1 Backpinsel für jedes Kind

Vorbereitung

1. Geben Sie die zerbröselte Hefe zusammen mit dem lauwarmen Wasser, dem Vanillezucker und den 5 Esslöffeln Zucker in eine Schüssel. Lassen Sie diese Mischung ca. 20 Minuten ruhen.
2. Füllen Sie anschließend das Mehl zusammen mit dem Salz in eine Schüssel und fügen Sie nach und nach die Wasser-Hefe-Mischung hinzu, während Sie alles zu einem geschmeidigen Teig verkneten.

So geht's

1. Heizen Sie den Backofen auf 180 Grad (Umluft) vor.
2. Teilen Sie den Teig in zwölf gleich große Portionen auf. Händigen Sie jedem Kind ein Stück davon aus.
3. Die Kinder kneten ihr Teigstück zunächst noch einmal mit den gewaschenen Fingern durch, bevor sie mit den Händen eine Rolle formen.
4. Anschließend formen die Kinder daraus eine Brezel, die sie auf ein mit Backpapier ausgelegtes Backblech legen. Achten Sie hier unbedingt auf ausreichend Abstand zwischen den einzelnen Brezeln, damit diese beim Backen nicht ineinanderlaufen.
5. Nutzen Sie die Zwischenzeit, um die Butter auf dem Herd zu schmelzen und das Eigelb mit der Sahne zu verquirlen.

Süße Brezeln

6. Mischen Sie außerdem 100 g Zucker mit dem Zimt.
7. Wer seine Brezel fertig geformt hat, pinselt diese mit der Eigelb-Sahne-Mischung ein.
8. Backen Sie die Brezeln ca. 15 Minuten.
9. Sobald diese aus dem Ofen kommen, dürfen die Kinder ihre Brezeln mit der geschmolzenen Butter einstreichen und mit der Zucker-Zimt-Mischung bestreuen. Achten Sie darauf, dass die Kinder sich dabei nicht verbrennen. Die Brezeln sollten bis zum vollständigen Auskühlen auf dem Backblech liegen bleiben, da sie im warmen Zustand allzu schnell auseinanderbrechen.

© edgar_b | Fotolia.com

Tipp

Sollten die Kinder keinen Zimt mögen, können Sie diesen ruhig weglassen.

Igelkekse

Zeitbedarf ca. 45 Minuten (ohne Backzeit)

Alter ab 3 Jahren

Zutaten
- 250 g Butter
- 120 g Puderzucker
- 1 Eigelb
- 400 g Mehl
- 100 g Walnusskerne
- 100 g gemahlene Haselnüsse
- 100 g Vollmilchschokolade
- 100 g Schokostreusel

außerdem:
- 1 Handrührgerät mit Knethaken
- 2 Schüsseln
- 1 Topf
- 1 Schaschlikspieß für jedes Kind

So geht's

1. Geben Sie die Butter, den Puderzucker und die Prise Salz in die Schüssel. Verrühren Sie die Zutaten mit dem Handrührgerät so lange, bis eine gebundene Masse entstanden ist.
2. Fügen Sie Eigelb, Mehl und Haselnüsse hinzu. Rühren Sie die Zutaten gut unter. Kneten Sie den Teig anschließend mit den Händen gut durch.
3. Zupfen Sie walnussgroße Stückchen vom Teig ab, die die Kinder in der Handfläche etwas platt drücken. Dort legen sie das Viertel einer Walnuss als Schnauze hinein und umschließen es mit dem Teigstück. Damit der Igel später ein Gesicht erhalten kann, zupfen sie die Kugel tropfenförmig zurecht.
4. Anschließend legen die Kinder die Teigkugel auf ein mit Backpapier ausgelegtes Backblech. Achten Sie auf ausreichend Abstand zwischen den Plätzchen.
5. Während Sie die Kekse bei 180 Grad (Ober- und Unterhitze) ca. 12–15 Minuten backen, schmelzen Sie die Schokolade im Wasserbad.
6. Nach dem Abkühlen wird der hintere Teil (Teigteil) der Kekse in die Schokolade getaucht und anschließend mit Schokoladenstreuseln bestreut. Das Gesicht malen die Kinder mit dem Schaschlikspieß auf, den sie vorher in die Schokolade getaucht haben.

Kürbiskuchen

Zeitbedarf ca. 30 Minuten (ohne Backzeit)

Alter ab 3 Jahren

Zutaten

- 400 g Butternutkürbis
- 4 Eier
- 300 g Butter
- 300 g Zucker
- 1 Prise Salz
- 150 g gemahlene Haselnüsse
- 300 g Mehl
- 1 TL Backpulver

außerdem:

- 1 Sparschäler
- 1 Küchenmesser
- 1 Küchenreibe
- 2 Schüsseln
- 1 Handrührgerät
- 1 Teigschaber
- 1 Springform (Ø 28 cm)
- Backpapier

So geht's

1. Heizen Sie den Backofen auf 180 Grad (Ober- und Unterhitze) vor.
2. Schälen Sie den Kürbis und raspeln Sie ihn möglichst fein. Beziehen Sie die Kinder nach ihren Möglichkeiten ein.
3. Trennen Sie die Eier. Schlagen Sie das Eiweiß zusammen mit dem Salz steif.
4. Geben Sie die Butter zusammen mit dem Zucker in die andere Schüssel und rühren Sie die Zutaten schaumig. Rühren Sie anschließend das Eigelb unter.
5. Fügen Sie das Mehl zusammen mit dem Backpulver und den gemahlenen Haselnüssen hinzu. Heben Sie den Eischnee und den geraspelten Kürbis vorsichtig mit dem Teigschaber unter.
6. Füllen Sie den Teig in die mit Backpapier ausgelegte Springform und backen Sie den Kuchen für ca. 50–60 Minuten.

Tipps

- Das Reiben des Kürbisses kann schon recht anstrengend werden. Erleichterung verschafft eine Küchenmaschine.
- Alternativ zum Butternutkürbis können Sie auch einen Hokkaido verwenden. Diesen müssen Sie auch nicht schälen.
- Verwenden Sie für Nussallergiker gemahlene Erdmandeln.
- Nach dem Abkühlen können Sie den Kuchen mit Puderzucker bestäuben.

Apfel-Crumble

Zeitbedarf	ca. 30 Minuten (ohne Backzeit)	
Alter	ab 3 Jahren	
Zutaten	- 12 säuerliche Äpfel - 450 g Mehl (gelingt auch mit Teffmehl) - 270 g Zucker - 270 g Butter	außerdem: - 2 Schüsseln - 1 Sparschäler - mehrere Messer - 1 große Auflaufform

So geht's

1. Waschen Sie gemeinsam mit den Kindern die Äpfel. Legen Sie diese zur Seite.
2. Bereiten Sie gemeinsam die Streusel zu, indem Sie Mehl, Zucker und weiche Butter mit den Händen verkneten.
3. Während die Kinder aus dem Teig dicke Streusel formen und in eine Schüssel legen, schälen Sie die Äpfel und entfernen das Kerngehäuse. Schneiden Sie die Äpfel anschließend zusammen mit den Kindern in kleine Würfel.
4. Verteilen Sie mit den Kindern die Apfelstücke in der Auflaufform und garnieren Sie alles mit den vorbereiteten Streuseln.
5. Backen Sie den Crumble bei 180 Grad (Ober- und Unterhitze) für ca. 35 Minuten. Genießen Sie den Crumble, solange er noch warm ist.

Tipps

- Der Crumble lässt sich auch wunderbar mit geviertelten Pflaumen zubereiten.
- Besonders gut schmeckt der warme Crumble mit Vanilleeis.

Süßer Kartoffelkuchen

Zeitbedarf ca. 20 Minuten (ohne Vorbereitungs- und Backzeit)

Alter ab 3 Jahren

Zutaten

- 600 g Kartoffeln
- 150 g Butter
- 250 g Zucker
- 7 Eier
- 300 g gemahlene Haselnüsse (alternativ bei Allergie Erdmandeln)
- 1 Päckchen Backpulver
- 1 Prise Salz

außerdem:

- 1 Topf
- 1 Sparschäler
- 1 Kartoffelstampfer
- 1 Schüssel
- 1 Handrührgerät
- 1 Springform (Ø 28 cm)
- Backpapier

Vorbereitung

Kochen Sie die geschälten und geviertelten Kartoffeln gar. Zerstampfen Sie diese nach dem Abgießen noch im heißen Zustand.

© A_Lein | Fotolia.com

So geht's

1. Heizen Sie den Backofen auf 175 Grad (Ober- und Unterhitze) vor.
2. Verrühren Sie die Butter zusammen mit dem Zucker. Rühren Sie anschließend die Eier gut unter. Beziehen Sie die Kinder nach ihren Möglichkeiten mit ein.
3. Fügen Sie die Haselnüsse, das Backpulver und das Salz hinzu. Rühren Sie die Zutaten gut durch.
4. Zum Schluss werden die gestampften Kartoffeln unter die Teigmasse gerührt. Der Teig ist nun relativ flüssig.

Tipp

Aus Puderzucker und Zitronensaft können Sie eine leckere Glasur für Ihren Kuchen zaubern.

5. Schütten Sie ihn in eine mit Backpapier ausgelegte Springform und backen Sie den Kartoffelkuchen ca. 1 Stunde.

Birnen-Maus

Zeitbedarf	ca. 25 Minuten	
Alter	ab 3 Jahren	
Zutaten	(für 12 Mäuse) - 6 Birnen - 24 Mandelplättchen - 100 g Kuvertüre	außerdem: - 1 Messer - 2 Töpfe - 1 Schüssel - 4 Tassen - 1 Schaschlikspieß für jedes Kind

Vorbereitung

Waschen Sie die Birnen. Schälen Sie diese anschließend und halbieren Sie sie. Entfernen Sie nun das Kerngehäuse.

Tipp

Sie können die Birnen-Mäuse selbstverständlich auch mit Birnen aus der Dose zubereiten. In diesem Fall entfällt die Vorbereitungszeit.

So geht's

1. Geben Sie die Birnenhälften in einen Topf und füllen Sie so viel Wasser hinein, dass der Boden bedeckt ist. Dünsten Sie die Birnen bei mittlerer Hitze. Füllen Sie evtl. verdunstetes Wasser nach.
2. Schmelzen Sie mit den Kindern gemeinsam die Schokolade im Wasserbad.
3. Nutzen Sie die Zwischenzeit, um über Mäuse zu sprechen. Wie sehen Mäuse aus? Was wissen die Kinder über die kleinen Nagetiere?
4. Verteilen Sie die geschmolzene Kuvertüre auf die Tassen. Die Kinder können zu dritt eine Tasse benutzen. Jedes Kind erhält außerdem nach dem Auskühlen eine gedünstete Birne, einen Schaschlikspieß und zwei Mandelplättchen. Die Mandelplättchen stecken die Kinder als Ohren in die schmale Seite der Birnen.
5. Mit dem Schaschlikspieß und der Kuvertüre malen die Kinder der Maus ein Gesicht.

Pflaumen-Sorbet für warme Herbsttage

Zeitbedarf	ca. 30 Minuten (ohne Kühlzeit)	
Alter	ab 5 Jahren	
Zutaten	(für 12 Portionen) ❧ 1 kg Pflaumen ❧ 500 g Gelierzucker	<u>außerdem:</u> ❧ 1 Topf ❧ 1 Kochlöffel ❧ 1 Pürierstab ❧ 1 altes Küchentuch ❧ 2 Schüsseln mit Deckel (z. B. leere Eisdosen)

So geht's

1. Entsteinen Sie die gewaschenen Pflaumen. Geben Sie diese zusammen mit dem Gelierzucker in den Topf. Beziehen Sie die Kinder je nach ihren Möglichkeiten ein.
2. Kochen Sie die Mischung unter ständigem Rühren auf. Garen Sie die Pflaumen ca. 10 Minuten, bis sie weich sind. Rühren Sie dabei gelegentlich um.
3. Nehmen Sie den Topf vom Herd und pürieren Sie die Mischung. Schützen Sie sich selbst und die Umgebung, indem Sie mit der linken Hand ein Handtuch über den Topf halten.
4. Verteilen Sie die Masse gleichmäßig auf zwei Schüsseln und stellen Sie diese für mindestens 3 Stunden in den Gefrierschrank.
5. Genießen Sie das Sorbet gemeinsam an einem sonnigen Herbsttag!

Gesunde Nussriegel

Zeitbedarf	ca. 20 Minuten (ohne Kühlzeit)
Alter	ab 3 Jahren

Zutaten (für 12 Riegel)

- 1 Tasse Walnusskerne
- 1 Tasse gehackte Haselnüsse
- 1 Tasse Sonnenblumenkerne
- 4 EL Chiasamen
- 100 g Kokosöl
- 1 TL gemahlene Vanille
- 100 g Honig

außerdem:

- 1 Multizerkleinerer
- 1 Topf
- 1 Auflaufform
- Backpapier
- 1 Teigschaber
- 1 Messer

So geht's

1. Hacken Sie die Walnuss- und Sonnenblumenkerne mit dem Multizerkleinerer in feine Stücke. Beziehen Sie die Kinder nach ihren Möglichkeiten mit ein.
2. Schmelzen Sie das Kokosöl bei niedriger Temperatur. Fügen Sie anschließend den Honig hinzu und rühren Sie so lange, bis sich beide Zutaten verbunden haben.
3. Nehmen Sie den Topf vom Herd und fügen Sie die restlichen Zutaten hinzu. Verrühren Sie alles gut.
4. Legen Sie die Auflaufform mit Backpapier aus. Die Riegelmasse wird nun gleichmäßig mit dem Teigschaber darauf verteilt. Legen Sie einen zweiten Bogen Backpapier auf die Masse und drücken Sie diese gut fest.
5. Nach ca. 1–2 Stunden im Kühlschrank können Sie die Masse in Riegelform zuschneiden.

Tipps

- Die Nussriegel lassen sich auch mit anderen Nusssorten zubereiten.
- Sie können auch zusätzlich getrocknete Früchte, Rosinen und Zimt hinzugeben.

Walnussmilch

Zeitbedarf	ca. 10 Minuten (ohne Vorbereitungszeit)
Alter	ab 3 Jahren
Zutaten	(für 6 Portionen) ❧ 250 g Walnüsse ❧ 1 l Wasser ❧ 1 TL gemahlene Vanille (alternativ: 2 TL Vanillezucker) ❧ 1 EL Honig außerdem: ❧ 2 Schüsseln ❧ 1 Standmixer ❧ 1 Haarsieb

Vorbereitung

Geben Sie die Walnüsse in eine Schüssel. Füllen Sie diese mit 700 ml Wasser auf. Stellen Sie die eingeweichten Walnüsse über Nacht in den Kühlschrank.

So geht's

1. Geben Sie die eingeweichten Walnüsse zusammen mit dem Einweichwasser in den Standmixer.
2. Fügen Sie das restliche Wasser, die gemahlene Vanille und den Honig hinzu. Mixen Sie die Zutaten ca. 1–2 Minuten lang.
3. Legen Sie das feine Sieb auf die Schüssel und gießen Sie die Milch darüber.

Tipps

- Sie haben keinen Standmixer zur Hand? Alternativ können Sie auch einen Pürierstab verwenden.
- Die Nussmilch lässt sich mit allen Nusssorten auf diese Weise zubereiten.
- Im Kühlschrank lässt sich die Milch ca. 1–2 Tage aufbewahren.
- Mit Kakaopulver angerührt und erwärmt, lässt sich daraus ein leckerer Walnuss-Kakao für kühle Herbsttage zubereiten.

Herbst-Shake

Zeitbedarf ca. 20 Minuten

Alter ab 3 Jahren

Zutaten (für 6 Portionen)

- 300 g Pflaumen
- 3 Orangen
- 5 Äpfel
- 100 ml Wasser
- ½ TL gemahlene Vanille (alternativ 2 Päckchen Vanillezucker)
- ¼ TL Zimt
- 3 EL Honig
- 1 l Hafermilch

außerdem:

- 1 Messer
- 1 Zitruspresse
- 1 Standmixer

So geht's

1. Waschen Sie mit den Kindern die Pflaumen und Äpfel.
2. Schälen Sie die Äpfel. Entfernen Sie das Kerngehäuse der Äpfel und die Steine der Pflaumen.
3. Schneiden Sie die Äpfel und Pflaumen klein. Pressen Sie die halbierten Orangen aus.
4. Geben Sie das Obst mit dem Wasser und dem Zimt in den Topf. Lassen Sie es kurz aufkochen und dünsten Sie es anschließend bei niedriger Temperatur ca. 10 Minuten. Achten Sie dabei darauf, dass genügend Flüssigkeit im Topf ist, sodass das Obst nicht anbrennt.
5. Schütten Sie anschließend das gegarte, abgekühlte Obst mit der gemahlenen Vanille und dem Honig in den Standmixer. Füllen Sie diesen mit der Hafermilch und dem frisch gepressten Orangensaft auf. Mixen Sie alles ca. 1–2 Minuten durch.

Tipp

Durch das Dünsten wird das Obst bekömmlicher für die Kinder.

Zuhören

© lordn | Fotolia.com

© Smileus | Fotolia.com

Der glückliche Apfelbaum – Durchführung

Zeitbedarf	ca. 10 Minuten
Alter	ab 3 Jahren
Material	❧ Geschichte (S. 39/40) ❧ Gymnastikschuhe

So geht's

1. Führen Sie die Kinder in ihren Gymnastikschuhen in den Turnraum.
2. Dort angekommen, stellen sich die Kinder in einem großen Kreis auf. Jeder achtet darauf, ausreichend Bewegungsfreiheit um sich herum zu haben, um aktiv an der Geschichte teilnehmen zu können.
3. Lesen Sie den Kindern die Geschichte abschnittweise vor. Zu jedem Abschnitt finden Sie passende Bewegungsimpulse. Machen Sie den Kindern diese zunächst vor. Erst wenn die Kinder die Bewegungen nachgeahmt haben, lesen Sie den Text weiter vor.
4. Setzen Sie sich abschließend gemeinsam in den Kreis. Nun dürfen die Kinder, wenn sie möchten, von eigenen Ernteerfahrungen berichten. Unterstützend wirken dabei folgende Fragen:
   - *Hast du auch schon einmal Früchte vom Baum gepflückt?*
   - *Weißt du, wie sie hießen?*
   - *Wie sahen die Früchte aus?*
   - *Wie haben sie geschmeckt?*

Tipp

Bei einem zweiten Durchgang der Bewegungsgeschichte können die Kinder sich eigene Bewegungen ausdenken.

Der glückliche Apfelbaum – Geschichte

Es war einmal ein kleiner Apfelbaum, der auf einer großen Wiese lebte.
Hinknien und die Arme, nach oben geöffnet, ausstrecken.

Dort fühlte sich der Apfelbaum sehr wohl. Er liebte die Sonne, den Regen, den Wind und den Schnee gleichermaßen. „Jede Jahreszeit ist schön“, dachte der Apfelbaum in jedem Jahr aufs Neue.
Lachen; Finger ausstrecken und schnell auf und ab bewegen; Oberkörper mit beiden Armen umschlingen und nach links und rechts schaukeln.

Doch auch wenn der Apfelbaum alle Jahreszeiten mochte, hatte er eine Lieblingsjahreszeit. Das war der Herbst. Der Herbst in diesem Jahr gefiel dem Apfelbaum besonders gut. Oft schien die Sonne auf seine Blätter und färbte diese langsam, aber sicher rot und gelb.
Arme über dem Körper zusammenführen und Kreis formen.

Außerdem trug der Apfelbaum in diesem Jahr unzählige rote Äpfel. Jeder Apfel war auf seine Weise einzigartig und wunderschön. Voller Stolz betrachtete der Apfelbaum all die tollen, riesigen Äpfel an seinen Ästen.
Mit den Fingern einen Kreis formen; hinknien, Arme, nach oben geöffnet, ausstrecken und bewundernd darauf schauen.

Der große Bruder des kleinen Apfelbaums beobachtete ihn dabei.
„Was bestaunst du dich denn so?“, wollte der große Apfelbaum wissen. „Ich hatte noch nie so viele Äpfel. All die Jahre habe ich immer bewundernd deine zahlreichen Äpfel bestaunt und nun habe ich selbst so viele“, erklärte der kleine Apfelbaum. „Tja, dann merkst du nun auch, wie schwer all die Äpfel sind und welche Mühe es macht, sie die ganze Zeit zu tragen“, sagte der große Apfelbaum.
Hinknien; Arme ausbreiten und dabei angestrengt schauen.

Kaum hatte der große Apfelbaum seinen Missmut kundgetan, spürte der kleine Apfelbaum plötzlich eine unglaubliche Schwere. Es schien fast so, als hätte er kaum noch Kraft, all die schweren Äpfel zu tragen.
Arme ausbreiten und langsam Richtung Boden sinken lassen.

Der kleine Apfelbaum wurde daraufhin sehr traurig. All die gute Laune, die er bereits das ganze Jahr über verspürt hatte, war mit einem Mal wie weggeblasen. Während der kleine Apfelbaum völlig in sich zusammengesunken in der Wiese stand, flog plötzlich ein Rabe über die Wiese.
Arme ausbreiten und durch den Raum „fliegen“.

Der glückliche Apfelbaum – Geschichte

„Hey, kleiner Apfelbaum, was machst du denn für ein Gesicht an diesem schönen Herbsttag?“, wollte der Rabe wissen. „Meine Äpfel sind so schwer, dass ich sie kaum noch tragen kann“, erklärte der kleine Apfelbaum. „Nun, da kann ich dir sicherlich helfen“, erklärte der Rabe und setzte sich in die Krone des kleinen Apfelbaumes. Oben angekommen, pickte der Rabe eifrig einige Äpfel ab, die in die Wiese plumpsten.
Auf der Stelle klettern; imaginäre Äpfel pflücken und fallen lassen.

Es dauerte fast den ganzen Tag. Doch der Rabe war so fleißig, dass am Nachmittag alle Äpfel auf dem Boden lagen.
Im ersten Augenblick war der kleine Apfelbaum sehr erleichtert. Er fühlte sich plötzlich ganz leicht und frei. Doch als er hinunterblickte und all die schönen Äpfel auf dem Boden sah, war er wieder traurig. Er hatte sie doch extra wachsen lassen, um anderen eine Freude damit zu machen, und nun lagen sie achtlos herum. Doch auch für dieses Problem hatte der Rabe eine Lösung. Ein kurzer Pfiff reichte aus und schon kam ein ganzer Schwarm Zugvögel herangeflogen. Sie waren auf dem Weg in den Süden, da es ihnen bei uns viel zu kalt war. Die Vögel freuten sich über dieses Festmahl und fraßen, bis der letzte Apfel verschwunden war. Nun waren alle glücklich. Genauso hatte es sich der kleine Apfelbaum vorgestellt.
Arme ausbreiten und Richtung Kreismitte fliegen; mit den Händen einen Schnabel formen und auf- und zubewegen; lachen.

Der Drache im Baum – Durchführung

Zeitbedarf	ca. 15 Minuten
Alter	ab 3 Jahren
Material	- Bildvorlagen „Der Drache im Baum" (S. 42–44) - 1 Schere Für jedes Kind: - 1 Sitzkissen

Vorbereitung

Vergrößern Sie die Kopiervorlagen auf DIN A3. Schneiden Sie die einzelnen Bilder anschließend auseinander und laminieren Sie sie ggf.

So geht's

1. Legen Sie die Sitzkissen im Halbkreis aus und nehmen Sie mit den Kindern darauf Platz. Erzählen Sie ihnen, dass Sie Bilder mitgebracht haben und gemeinsam dazu eine Geschichte erfinden wollen.
2. Zeigen Sie den Kindern nacheinander die einzelnen Bilder. Geben Sie ihnen dabei ausreichend Zeit, das jeweilige Bild zu betrachten.
3. Rekonstruieren Sie gemeinsam eine Geschichte zu den Bildern. Dabei helfen Ihnen die folgenden Impulse:
   - *Was siehst du auf dem Bild?*
   - *Was basteln die Kinder?*
   - *Wie wollen wir die Kinder nennen?*
   - *Was machen die Kinder draußen?*
   - *Was passiert mit dem Drachen?*
   - *Warum hilft das Eichhörnchen den Kindern?*
   - *Was könnten die Kinder zum Eichhörnchen sagen?*
   - *Wie könnte die Geschichte weitergehen?*

Tipp

Besonders authentisch wird die Geschichte, wenn Sie Eicheln, Nüsse, Kastanien und bunte Blätter um die Bildvorlagen herum arrangieren.

Der Drache im Baum – Bildvorlagen (1/3)

Illustrationen: Petra Lefin | ISBN 978-3-8346-3668-3

Der Drache im Baum – Bildvorlagen (2/3)

Der Drache im Baum – Bildvorlagen (3/3)

Illustrationen: Petra Lefin | ISBN 978-3-8346-3668-3

Mimi hat viel zu tun – Durchführung

Zeitbedarf ca. 25 Minuten

Alter ab 4 Jahren

Material

- Bildvorlagen „Mimi hat viel zu tun“ (S. 46)
- Geschichte (S. 47/48)
- 2 leere Toilettenpapierrollen
- 1 Schere
- Kleber
- 1 grünes Tuch
- 1 braunes Tuch
- je 1 Handvoll Walnüsse, Haselnüsse und Kastanien
- 8–10 kleine, dünne Äste
- 1 Tüte bunte Herbstblätter

Für jedes Kind:

- 1 Sitzkissen

Vorbereitung

Sammeln Sie bunte Blätter, Eicheln, Kastanien, Haselnüsse und Walnüsse (die Nüsse können Sie ggf. auch im Supermarkt kaufen). Kopieren Sie die Bildvorlagen „Mimi hat viel zu tun“ farbig. Schneiden Sie die beiden Figuren grob aus und kleben Sie diese jeweils auf eine leere Toilettenpapierrolle, die Sie auch farbig gestalten können. Legen Sie die vorbereiteten Figuren zusammen mit den übrigen Materialien bereit.

So geht's

1. Legen Sie die Sitzkissen im Halbkreis aus. Nehmen Sie mit den Kindern darauf Platz.
2. Lesen Sie ihnen die Geschichte abschnittweise vor. Legen Sie nach jedem Abschnitt eine Pause ein, in der Sie das Vorgelesene als Bodenbild (im Text grün) aufbauen und mit den Kindern die angegliederten Fragen (im Text rot) besprechen.

Tipps

- Besonders schön ist es, wenn Sie die Kinder in die Vorbereitung miteinbeziehen. Gehen Sie gemeinsam raus und sammeln Sie die benötigten Naturmaterialien. Dies lässt sich mit einem tollen Spaziergang durch den Herbstwald kombinieren.
- Die Geschichte eignet sich hervorragend dafür, die Themen „Winterschlaf“ und „Winterruhe“ mit den Kindern zu besprechen.

Mimi hat viel zu tun – Bildvorlagen

Illustrationen: Petra Lefin | ISBN 978-3-8346-3668-3

Mimi hat viel zu tun – Geschichte

Mimi, die Maus, sitzt an ihrem Lieblingsbaum und denkt angestrengt nach. Es ist schon Herbst und es gibt noch so viel zu tun, bevor der Winter kommt.
Legen Sie das braune Tuch als Baumstamm in die Kreismitte. Breiten Sie darüber das grüne Tuch als Baumkrone aus. Stellen Sie die Mausfigur auf das braune Tuch.
- *Was, denkst du, muss Mimi alles im Herbst erledigen?*

„Ich muss meine Vorräte für den Winter anlegen und auch noch mein Nest ein wenig auspolstern, damit mir nicht kalt wird. Wie soll ich das bloß alles schaffen?", denkt Mimi und lässt traurig die Schultern hängen. Neben ihr am Boden sitzt Igor, der Igel, und winkt seiner Freundin zu. „Was hast du denn?", will Igor wissen.
Stellen Sie die Igelfigur auf das braune Tuch.
- *Welche Vorräte könnte Mimi brauchen?*
- *Weißt du, was Mäuse fressen?*

Als Mimi ihm von all den Vorbereitungen erzählt, muss Igor schmunzeln. „Ach Mimi. Das ist doch jedes Jahr das Gleiche. Zuerst jammerst du und dann bist du doch als Erste fertig und hast obendrein noch die meisten Vorräte angelegt. Komm, lass uns einen Wettbewerb veranstalten und schauen, wer der Herbstkönig oder die Herbstkönigin wird. Hast du Lust?", will Igor wissen. Und ob Mimi Lust hat. Herbstkönigin wollte sie schon immer einmal werden.
- *Was, denkst du, ist ein/e Herbstkönig/in?*
- *Wärst du auch gerne Herbstkönig/in?*

Eifrig begibt sich Mimi auf die Suche nach allem, was sie für den Winter braucht.
Lassen Sie die Mausfigur um den Baum herumwandern. Verteilen Sie Walnüsse, Haselnüsse und Kastanien rund um das braune Tuch.
- *Weißt du, was das ist?*
- *Wie sehen die Nüsse/Kastanien aus?*
- *Was, glaubst du, macht Mimi damit?*

Mimi sammelt fleißig Nüsse und Kastanien. Dabei achtet sie darauf, dass sie niemand beobachtet. Immer wieder sieht sie sich nach allen Seiten um, bevor sie all die Leckereien rund um ihren Lieblingsbaum versteckt.
Lassen Sie die Mausfigur die Nüsse und Kastanien sammeln und legen Sie diese einzeln unter das braune Tuch.
- *Warum versteckt Mimi das Essen?*

Mimi hat viel zu tun – Geschichte

Auch Igor begibt sich auf die Suche nach Nahrung. Er frisst besonders gerne Mücken, Käfer und Schnecken. Anders als Mimi, die alles, was sie findet, erst mal versteckt, frisst Igor so viel er kann. Der Herbst ist für den kleinen Igel immer die Zeit des Fressens, denn den Winter wird Igor verschlafen. Deshalb muss er sich nun noch einmal so richtig satt fressen.

Lassen Sie die Igelfigur über das braune Tuch laufen und imaginäre Nahrung aufnehmen.

- *Was fressen Igel?*
- *Warum muss Igor im Herbst so viel fressen?*
- *Was ist mit „den Winter wird Igor verschlafen" gemeint?*

Nachdem Mimi, die Maus, nun tagelang Nüsse und andere Leckereien für den langen Winter gesammelt hat, muss sie noch viel fressen, um sich ein Fettpolster zu verschaffen. Damit wird ihr im Winter nicht so schnell kalt und sie friert weniger.

Lassen Sie die Mausfigur über das braune Tuch laufen und imaginäre Nahrung zu sich nehmen.

- *Was ist ein Fettpolster?*
- *Wozu braucht Mimi es?*

Bald schon macht es sich Mimi gemütlich. Während sie sich von all der Arbeit ausruht, sieht sie Igor zu, der noch immer damit beschäftigt ist, sein Nest für den Winterschlaf zu suchen. „Juhu, ich bin wohl die neue Herbstkönigin", denkt Mimi und lehnt sich entspannt zurück. Igor bekommt von alldem nichts mit. Er frisst noch immer fleißig und sucht sich einen Laubhaufen, in dem er den Winter verbringen wird.

Legen Sie einen Laubhaufen und lassen Sie die Igelfigur zum Laubhaufen laufen.

- *Wo schläft Igor im Winter?*
- *Wo ruht sich Mimi aus?*

Herbstspaß – Durchführung

Zeitbedarf	ca. 15 Minuten
Alter	ab 3 Jahren
Material	❧ Geschichte (S. 50/51) Für jedes Kind: ❧ 1 Sitzkissen

Vorbereitung

Vergrößern Sie die Geschichte auf DIN A3. Arrangieren Sie die Sitzkissen im Halbkreis.

So geht's

1. Nehmen Sie mit den Kindern im vorbereiteten Sitzkreis Platz.
2. Lesen Sie ihnen die Geschichte vor. Sobald Sie bei einem der Bilder ankommen, unterbrechen Sie und lassen die Kinder dieses benennen, bevor Sie weiterlesen.
3. Zur Besprechung der Geschichte können Sie abschließend die folgenden Fragen nutzen:
   - *Was sehen die Kinder im Wald?*
   - *Hast du auch schon einmal ein Eichhörnchen/einen Igel gesehen?*
   - *Wie sieht das Tier aus?*
   - *Warum mögen Finja und Ansgar den Wald im Herbst am liebsten?*
   - *Bist du auch schon mal im Herbst in den Wald gegangen?*
   - *Wie war das für dich?*
   - *Was hast du dort gesehen?*

Tipp

Eine kleine Dekoration aus Laub, Äpfeln und Birnen sowie einer Kerze sorgen für zusätzliche Herbststimmung.

Herbstspaß – Geschichte

Finja  und Ansgar  gehen mit Mama  in den  .

Dort gibt es viel zu entdecken. Überall liegen bunte . Der Wind pustet

sie in alle Richtungen.  und  springen über die  und

werfen sie in die Luft. Das macht Spaß!

„Schau mal, die  sehen alle anders aus", ruft .

Da ist ein  . Und hier ist ein . Während die Kinder noch weiter

über die tollen Farben staunen, zeigt  plötzlich auf einen  .

„Schaut mal. Dort ist ein  ."

„Was macht das  denn da?", will  wissen.

„Es ist auf der Suche nach  ", erklärt Mama.

Die Kinder bleiben wie angewurzelt stehen.  traut sich kaum, zu

atmen. Tatsächlich!  hat Recht. Flink läuft das  vom Baum und

schnappt sich eine  . Mit seinen kleinen Pfoten hebt das  die

 vom Boden auf. Es schaut sich nach allen Seiten um. Da  und

 ganz ruhig sind, fühlt sich das  nicht gestört.

Illustrationen: Petra Lefin | ISBN 978-3-8346-3668-3

Herbstspaß – Geschichte

Es nimmt die  in den Mund und gräbt mit den Pfoten ein Loch. Dort legt es die  hinein. Plötzlich bemerkt es die Kinder und läuft schnell weg. Schade!  ist ein bisschen traurig. Sie hätte dem  gerne noch länger zugesehen. Während die Kinder nun all die vielen  bestaunen, hören sie plötzlich ein leises Rascheln. Es kommt aus einem großen Laubhaufen. Als  und  näher kommen, sehen sie einen . Er hat es sich in den  gemütlich gemacht. Das sieht lustig aus. Die Kinder beobachten den  eine ganze Weile. Am liebsten würden sie den ganzen Tag im  verbringen. Hier gibt es so viel zu entdecken. Doch  sagt, es wäre Zeit, nach Hause zu gehen. Also machen sie sich auf den Weg. Doch erst muss  versprechen, dass sie morgen wieder in den  kommen. Hier ist es nämlich im Herbst besonders schön.

Illustrationen: Petra Lefin | ISBN 978-3-8346-3668-3

Sankt Martin – Durchführung

Zeitbedarf	ca. 15 Minuten	
Alter	ab 4 Jahren	
Material	❧ Geschichte (S. 53/54)	Für jedes Kind: ❧ 1 Sitzkissen

So geht's

1. Jedes Kind darf sich einen Partner aussuchen, mit dem es gerne zusammenarbeiten möchte. Der Aspekt der Freiwilligkeit ist an dieser Stelle besonders wichtig, da die Kinder die Geschichte auf den Rücken ihres Partners zeichnen, was ein besonderes Maß an Vertrautheit voraussetzt.
2. Bitten Sie die Kinder, ihre Kissen in zwei Reihen auszulegen, sodass die jeweiligen Partner hintereinandersitzen.
3. Lesen Sie den Kindern die Geschichte von Sankt Martin abschnittweise vor. Neben jedem Abschnitt finden Sie jeweils einen Vorschlag für ein entsprechendes Rückenbild. Zeichnen Sie dieses für die Kinder gut sichtbar in die Luft, auf den Boden oder auf den Rücken eines Kindes bzw. einer Kollegin. Die Kinder übernehmen dieses Bild und zeichnen es auf den Rücken ihres Partners.
4. Tauschen Sie nach der Hälfte der Geschichte die Rollen. Bitten Sie die Kinder, ihre Plätze zu tauschen, sodass jedes Kind einmal seinen Rücken als Leinwand zur Verfügung stellen darf. Alternativ können Sie die Geschichte 2-mal vorlesen und die Kinder tauschen nach einem ganzen Durchgang die Rollen.

Tipp

Im Anschluss an die Geschichte können Sie mit den Kindern gemeinsam ein Sankt-Martin-Leporello gestalten. Falten Sie dazu ein Blatt Papier im DIN-A3-Format ziehharmonikaartig auf, sodass vier Felder entstehen. In jedes Feld malen die Kinder ein passendes Bild zur Geschichte.

Sankt Martin – Geschichte

Vorlesetext	Rückenbild
Vor langer Zeit lebte ein Mann namens Martin.	*Malen Sie ein Strichmännchen.*
Als Martin ein kleiner Junge war, hörte er von Gott. Martin wollte sehr gerne zu Gott gehören und sich taufen lassen.	*Malen Sie ein Herz.*
Martins Vater fand das gar nicht gut. Er erlaubte es Martin nicht.	*Wischen Sie mit einer schnellen Bewegung über den Rücken.*
Martin sollte Soldat werden. Das war dem Vater wichtig.	*Zeichnen Sie ein Ausrufezeichen.*
Martin hörte auf seinen Vater und so wurde er Soldat. Er bekam ein Pferd, ein Schwert und einen Mantel.	*Malen Sie einen Mantel und ein Schwert. Galoppieren Sie mit Zeige- und Mittelfinger über den Rücken.*
Obwohl Martin nun Soldat war, konnte er nicht aufhören, an seinen größten Wunsch zu denken. Er wollte sich noch immer taufen lassen und damit allen seinen Glauben an Gott zeigen.	*Zeichnen Sie ein Herz.*
Eines Tages war Martin mit den anderen Soldaten unterwegs. Es war bitterkalt.	*Den Rücken leicht schütteln.*
Martin sah in der Ferne einen Bettler, der entsetzlich fror. Er hatte kein Zuhause und nichts Warmes anzuziehen. Niemand wollte dem armen Bettler helfen.	*Malen Sie ein Strichmännchen mit einem traurigen Gesicht.*
Martin ritt auf seinem Pferd zu dem Mann.	*Galoppieren Sie mit dem Finger über den Rücken.*
Martin zog seinen Umhang aus und teilte ihn mit seinem Schwert in zwei Hälften.	*Fahren Sie mit der Handkante über den Rücken.*
Eine Hälfte zog Martin selbst wieder an. Die andere Hälfte legte er dem Bettler um.	*Umfassen Sie mit beiden Armen den Rücken.*

Sankt Martin – Geschichte

Vorlesetext	Rückenbild
Als sich Martin an diesem Abend ins Bett legte, hatte er einen besonderen Traum.	*Legen Sie die Hand flach auf den Rücken.*
In seinem Traum sah er Jesus. Er trug den Mantelteil, den Martin dem Bettler geschenkt hatte. Jesus sagte zu Martin: „Du hast heute dem Bettler geholfen. Damit hast du auch mir geholfen. Das war toll von dir. Mich kann man nämlich in jedem Menschen finden. Dabei spielt es keine Rolle, ob jemand viel oder wenig Geld hat."	*Malen Sie ein Herz.*
Als Martin am nächsten Morgen aufwachte, wollte er kein Soldat mehr sein. Er wollte sich nun endlich taufen lassen und im Namen von Gott anderen Menschen helfen.	*Streicheln Sie sanft über den Rücken.*

Singen

© highwaystarz | Fotolia.com

© Smileus | Fotolia.com

Ich bin eine Kastanie

Zeitbedarf	ca. 10 Minuten	
Alter	ab 3 Jahren	
Material	❧ Lied (S. 57)	Für jedes Kind: ❧ 1 Kastanie

Vorbereitung

Bereiten Sie einen Stuhl- oder Sitzkreis vor.

So geht's

1. Teilen Sie jedem Kind eine Kastanie aus.
2. Geben Sie den Kindern zunächst ein bisschen Zeit, um die Kastanie mit allen Sinnen zu erfahren (fühlen, riechen, klopfen etc.).
3. Singen Sie nun den Kindern das Lied vor und machen Sie die jeweils passenden Bewegungen dazu.
4. Beim zweiten Durchgang können die Kinder die Bewegungen bereits mitmachen und bei weiteren Durchgängen auch schon mitsingen.

Tipp

Bei gutem Wetter können Sie das Lied auch im Freien singen, z. B. bei einem schönen Herbstspaziergang, während Sie Kastanien sammeln.

Ich bin eine Kastanie

Ich bin eine Kastanie

Melodie: trad. „In einem kleinen Apfel", Text: Verlag an der Ruhr

1. Ich bin eine Kastanie und sehe lustig aus. Ich habe eine Schale mit grünen Stacheln drauf.	*Kastanie hochhalten* *Imaginäre Schale anfassen und Finger zurückziehen, weil es pikt.*
2. Im Herbst fall ich vom Baume, die Schale platzt mir auf. Darunter kommt zum Vorschein die glatte, braune Haut.	*Kastanie von oben fallen lassen* *Kastanie aufheben* *Kastanie streicheln und am Boden ablegen.*
3. Die Kinder gehn spazieren und sammeln mich nun auf. Zum Basteln und zum Spielen, das ist mein Lebenslauf.	*Laufbewegungen machen* *Abgelegte Kastanie aufsammeln*

Bunt sind schon die Wälder

Zeitbedarf	ca. 15 Minuten
Alter	ab 3 Jahren
Material	❧ Lied (S. 59) ❧ Weintrauben

So geht's

1. Bilden Sie mit den Kindern einen großen Sitzkreis.
2. Sprechen Sie mit den Kindern über das Thema „Erntezeit im Weinberg“:
   - *Was ist Ernte?*
   - *Wo wachsen Trauben?*
   - *Wie riechen sie?*
   - *Wie fühlen sie sich an?*
   - *Wie schmecken sie?*
   - *Hast du schon mal einen Weinberg gesehen?*
   - *Was macht ein Winzer?*
   - *Was kann man alles aus Trauben machen?*
3. Singen Sie die erste Strophe des Liedes vor und besprechen Sie sie mit den Kindern. Erklären Sie Wörter, die die Kinder nicht kennen (z. B. Stoppelfelder, wallen etc.).
4. Beim zweiten Durchgang können die Kinder schon teilweise mitsingen.
5. Verfahren Sie so mit den anderen drei Strophen, sodass die Kinder das Lied strophenweise lernen können.

Tipp

Bei einem Herbstspaziergang können Sie mit den Kindern Stoppelfelder selbst entdecken.

Bunt sind schon die Wälder

Bunt sind schon die Wälder

Musik und Text: trad.

2. Wie die volle Traube
aus dem Rebenlaube
purpurfarbig strahlt!
Am Geländer reifen
Pfirsiche mit Streifen,
rot und weiß bemalt.

3. Flinke Träger springen
und die Mädchen singen,
alles jubelt froh!
Bunte Bänder schweben
zwischen hohen Reben
auf dem Hut von Stroh.

4. Geige tönt und Flöte
bei der Abendröte
und im Mondesglanz.
Junge Winzerinnen
winken und beginnen
frohen Erntetanz.

Alle Blätter sind schon bunt

Zeitbedarf ca. 10 Minuten

Alter ab 3 Jahren

So geht's

1. Singen Sie den Kindern das Lied mehrmals vor. Dabei sitzen Sie gemeinsam am Tisch. Zum Takt der Musik können sich die Kinder sanft wiegen.
2. Nach dem zweiten oder dritten Durchgang können die Kinder bereits mit einstimmen.

Tipp

Zaubern Sie, passend zum Lied, herbstliche Stimmung. Dekorieren Sie dazu den Tisch mit bunten Blättern, Nüssen, Äpfeln, Birnen und Pflaumen. Wenn Sie das Obst vorher waschen, können Sie es im Anschluss gemeinsam mit den Kindern verzehren. Legen Sie dazu einen Teller und ein Schneidemesser bereit.

Alle Blätter sind schon bunt

Alle Blätter sind schon bunt

Musik: trad. „Alle Vögel sind schon da“, Text: Verlag an der Ruhr

2. Alle Tiere arbeiten,
wolln sich vorbereiten.
Eichhörnchen und Haselmaus
suchen viele Nüsse aus.
Igel sucht ein Blätterhaus,
darin will er schlafen.

3. Herbst ist eine tolle Zeit,
denn da wird geerntet.
Äpfel, Birnen und noch mehr,
hängen an den Bäumen schwer.
Kommt, wir schütteln alle leer,
backen einen Kuchen.

Hejo, spann den Wagen an

Zeitbedarf	ca. 10 Minuten
Alter	ab 3 Jahren

So geht's

1. Machen Sie die Kinder mit dem Text und der Melodie vertraut.
2. Erzählen Sie ihnen, dass dieses Lied schon sehr alt ist. Zu der Zeit, in der es entstand, haben die Menschen die Felder noch mit der Hand abgeerntet. Traktoren gab es noch keine. Ihre Arbeit erledigten Pferde, Ochsen und Esel. Erklären Sie den Kindern, was Garben sind.
3. Singen Sie das Lied so oft gemeinsam, bis die Kinder den Text und die Melodie verinnerlicht haben.
4. Teilen Sie die Kinder in zwei Gruppen ein und singen Sie das Lied im Kanon. Dies gelingt am besten, wenn Sie einen anderen Erwachsenen an der Seite haben, der die zweite Gruppe unterstützt.

Hejo, spann den Wagen an

Musik und Text: trad.

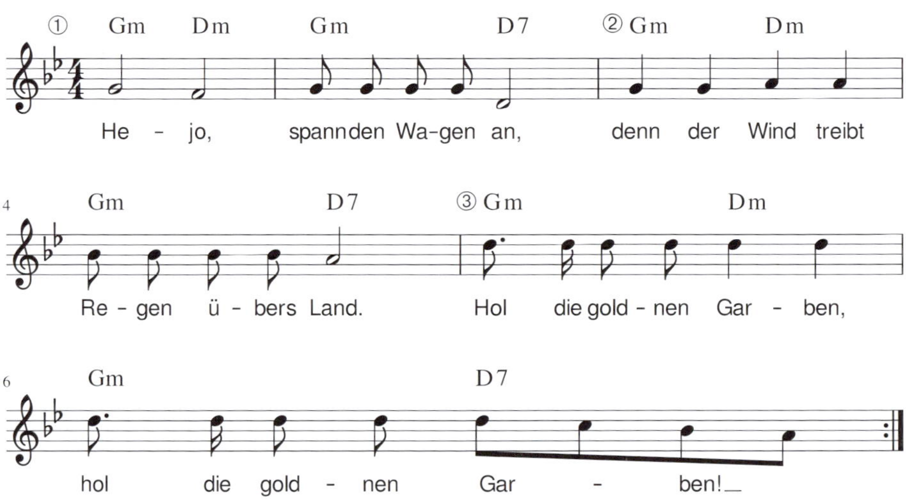

Die Laterne leuchtet

Zeitbedarf	ca. 20 Minuten
Alter	ab 3 Jahren
Material	Für jedes Kind: ❧ 1 Laterne mit Laternenstab

So geht's

1. Sprechen Sie mit den Kindern über Laternen und eventuell über Ihr bevorstehendes Laternenfest. Sie können die Kinder z. B. fragen, wozu man die Laternen draußen braucht, wenn es dunkel ist.
2. Nun erklären Sie den Kindern, dass Sie jetzt mit den Laternen den bevorstehenden Laternenumzug üben möchten, und zwar mit einem neuen Lied.
3. Singen Sie den Kindern das Lied zunächst einmal strophenweise vor. Das können Sie ganz langsam und mehrmals machen, damit die Kinder sich den Text gut einprägen können.
4. Wenn die Kinder sich an das Lied gewöhnt haben, können sie mit ihren Laternen durch die Gruppe gehen und so den Umzug üben.

Die Laterne leuchtet

Die Laterne leuchtet

Musik: trad. „Au clair de la lune", Text: Verlag an der Ruhr

2. Oben strahlt der Mond hell aus dem Himmelszelt.
Sieht unsre Laternen strahlen in der Welt.
Und die Sterne funkeln, Licht am Firmament.
Schauen wir nach oben, welch ein Glücksmoment.

3. Heute ist ein Fest, wir laden alle ein.
Schmücken unsre Kita, Eltern kommt herein.
Auf dem Tisch da stehen Brezeln und Kakao.
Draußen gibt's ein Feuer, komm doch mit und schau.

Ein bisschen so wie Martin

Zeitbedarf	ca. 15 Minuten
Alter	ab 3 Jahren
Material	1 großes, altes Tuch (z. B. Bettlaken) 1 Schere 1 Blatt Papier 1 Stift Kopierpapier

Vorbereitung

1. Malen Sie die Umrisse eines Mantels auf Papier und kopieren Sie diesen für jedes Kind einmal.
2. Schneiden Sie das Tuch in zwei gleich große Hälften.

So geht's

1. Stellen Sie sich mit den Kindern in einem großen Kreis auf. Bestimmen Sie ein Kind, das auf freiwilliger Basis in die Rolle von Sankt Martin schlüpft. Dieses Kind stellt sich in die Kreismitte. Es trägt die eine Hälfte des Tuches als Umhang. Die andere Hälfte schwingt das Kind im Takt zur Musik. Die Kinder, die im Kreis stehen, halten ihren Papiermantel in der Hand und suchen sich einen Partner.
2. Singen Sie den Kindern das Lied zunächst vor, sodass sie die Melodie kennenlernen können.
3. In einem weiteren Schritt singen Sie das Lied erneut und zeigen den Kindern die zugehörigen Bewegungen.
4. Singen Sie das Lied anschließend ein drittes Mal. Hier machen die Kinder die Bewegungen mit und dürfen natürlich auch mitsingen.

Tipps

- Malen Sie den Mantel gemeinsam mit den Kindern. So können Sie gleich die Geschichte von Sankt Martin (S. 53/54) vertiefen.
- Tauschen Sie die Rolle des Martins möglichst oft, sodass viele Kinder die Gelegenheit erhalten, in die Fußstapfen des heiligen Martin zu treten.

Ein bisschen so wie Martin

Ein bisschen so wie Martin

Text: Elke Bräunling; Melodie: Paul G. Walter; CD „Ein bisschen so wie Martin“ ,
ISBN 978-3-941923-92-8; © Edition SEEBÄR-Musik Stephen Janetzko, www.kinderliederhits.de

1. Ein bisschen so wie Martin … und ich will an andre denken, ihnen auch mal etwas schenken. Nur ein bisschen, klitzeklein, …	*Auf Sankt Martin zeigen* *Dem Partner den Papiermantel schenken* *Arm heben; Zeigefinger und Daumen nah aneinander führen*
2. Ein bisschen so wie Martin … und ich will auch mit dir teilen, wenn du rufst, schnell zu dir eilen. Nur ein bisschen, klitzeklein, …	*s. o.* *Den Papiermantel in zwei Hälften zerreißen; eine Hälfte dem Partner schenken* *s. o.*
4. Ein bisschen so wie Martin … und ich will im Streit nicht leben, dir die Friedenspfeife geben. Nur ein bisschen, klitzeklein, …	*s. o.* *Einander die Hand reichen* *s. o.*
6. Ein bisschen so wie Martin … und ich schenk dir mein Vertrauen, du kannst immer auf mich bauen. Nur ein bisschen, klitzeklein, …	*s. o.* *Dem Partner den Arm über die Schulter legen* *s. o.*

Spielen und Experimentieren

© Martinan | Fotolia.com

© Smileus | Fotolia.com

Herbst-Fingerspiele

Zeitbedarf ca. 5–10 Minuten

Alter ab 3 Jahren

Material ❧ Fingerspiele (S. 69)

Vorbereitung

Auf der folgenden Seite finden Sie zwei Fingerspiele zur Auswahl. Wählen Sie ein passendes Fingerspiel aus. Machen Sie sich durch mehrmaliges Lesen vorab mit dem Text und den zugehörigen Handbewegungen vertraut.

So geht's

1. Nehmen Sie mit den Kindern am Gruppentisch Platz.
2. Lesen Sie ihnen den Text vor und zeigen Sie die dazugehörigen Fingerbewegungen.
3. Lesen Sie den Text ein zweites Mal vor. Hier machen die Kinder die Bewegungen bereits mit.
4. Beim dritten Durchgang dürfen die Kinder, sofern sie können, selbstverständlich schon mitsprechen.

Tipp

Achten Sie auf ausreichend Pausen zwischen den einzelnen Passagen des Fingerspiels. So können die Kinder den Inhalt besser verinnerlichen.

Herbst-Fingerspiele

Das muntere Eichhörnchen

Das kleine Eichhörnchen ist im Herbst ganz munter,	*Die Hand schnell drehen*
flitzt den Baum schnell rauf und runter.	*Mit Zeige- und Mittelfinger einen imaginären Baum hochklettern*
Springt ohne Ruh und ohne Rast ziemlich schnell von Ast zu Ast.	*Mit den Fingern über die Tischplatte hüpfen*
Es holt dort Nüsse, groß und rund, und steckt sie schnell in seinen Mund.	*Mit den Fingern einen Kreis formen Imaginäre Nuss zum Mund führen*
Die Nüsse bringt es ins Versteck, denn dann sind sie erst mal weg.	*Hände unter der Tischplatte verstecken*
Wenn Eichhörnchen dann Hunger hat, schreitet es ganz schnell zur Tat.	*Mit der flachen Hand den Bauch reiben*
Es flitzt schnell zum Versteck	*Mit den Fingern über die Tischplatte rennen*
und futtert alle Nüsse weg.	*Mit den Fingern Kaubewegung imitieren, dazu Daumen zu den übrigen Fingern führen*

Der Herbst ist endlich da

Der Herbst ist endlich da. Ist das nicht wunderbar?	*In die Hände klatschen*
Die Sonne scheint jetzt groß und rund und färbt rasch alle Blätter bunt.	*Finger als Sonne spreizen*
Mit viel Getöse und lautem Brausen, hört man nun den Wind schnell sausen.	*Hand schnell öffnen und schließen und in der Luft fliegen lassen*
Er fegt die Blätter von den Bäumen, die überall die Wege säumen.	*Mit der flachen Hand über die Tischplatte streichen*
Der Herbstwind trägt sie fort und bringt sie an einen anderen Ort.	*Die Hände schnell durcheinanderbewegen*

Herbst-Tic-tac-toe

Zeitbedarf ca. 10 Minuten

Alter ab 3 Jahren

Material Für je zwei Kinder:

- 4 Äste
- 5 Eicheln
- 5 Kastanien

So geht's

1. Bitten Sie die Kinder, Paare zu bilden. Jedes 2er-Team legt nun aus den Ästen das Tic-tac-toe-Spielfeld, indem sie diese kreuzförmig anordnen. Auf diese Weise entstehen neun Felder.
2. Teilen Sie jedem Paar die benötigten Kastanien und Eicheln aus. Die Kinder einigen sich, wer welche Spielfiguren erhält.
3. Abwechselnd legen sie jeweils eine Eichel bzw. Kastanie in eines der neun Felder. Wer zuerst eine Reihe legen konnte (horizontal, vertikal oder diagonal), in der drei identische Herbstfrüchte nebeneinanderliegen, hat das Spiel gewonnen.
4. Führen Sie mehrere Durchgänge des Spiels durch.

Tipp

Sie haben keine Kastanien und Eicheln zu Hand? Kein Problem! Weichen Sie einfach auf Wal- und Haselnüsse oder Äpfel und Birnen aus.

Herbstbingo

Zeitbedarf ca. 20 Minuten (ohne Vorbereitungszeit)

Alter ab 3 Jahren

Material Für jedes Kind:

- Vorlage „Herbstbingo-Bilder" (S. 72/73)
- Vorlage „Herbstbingo-Vorlage" (S. 74)
- 1 Schere
- Kleber
- 12 bunte Blätter (Laub)

Vorbereitung

1. Kopieren Sie die Seiten 72 und 73 für jedes Kind. Die Herbstbingo-Vorlage (S. 74) benötigen Sie für jedes Kind auf DIN A3 (155 %) vergrößert. Fertigen Sie eine weitere Kopie der Herbstbingo-Bilder an. Schneiden Sie auf Ihrer Kopie die Bilder aus, mischen Sie diese und bilden Sie daraus einen Stapel.
2. Sammeln Sie mit den Kindern das Laub. Alternativ können Sie auch Kastanien, Eicheln oder Nüsse suchen.

So geht's

1. Sie sitzen mit den Kindern am Basteltisch. Jedes Kind erhält die Herbstbingo-Bilder, die es ausschneidet und in beliebiger Reihenfolge auf die Vorlage klebt. Achten Sie darauf, dass jedes Kind die Bilder individuell anordnet.
2. Sobald die Spielpläne hergestellt sind, kann es losgehen. Ziehen Sie von Ihrem vorbereiteten Bilderstapel eine Bildkarte und nennen Sie das Herbstwort. Die Kinder decken dieses auf ihrer Vorlage mit einem Herbstblatt oder einer Herbstfrucht ab. Verfahren Sie auf diese Weise, bis ein Kind zuerst eine 4er- bzw. 3er-Reihe voll hat und „Bingo" ruft. Spielen Sie das Spiel beliebig oft.

Tipp

Sie können die Herbstbingo-Bilder für jedes Kind auch laminieren. So können die Bilder, anstatt geklebt, auf die Bingo-Vorlage gelegt werden und das Spiel kann öfter durchgeführt werden.

Herbstbingo-Bilder (1/2)

© Eric Isselée | Fotolia.com

© mariusz szczygiel | Fotolia.com

© damato | Fotolia.com

© Zerbor | Fotolia.com

© Dionisvera | Fotolia.com

© Valentina R | Fotolia.com

© Verlag an der Ruhr | Autorin: Aline Kurt | ISBN 978-3-8346-3668-3

Herbstbingo-Bilder (2/2)

© Tim UR | Fotolia.com

© volff | Fotolia.com

© kitsananan Kuna | Fotolia.com

© Mariusz Blach | Fotolia.com

© Andrea Wilhelm | Fotolia.com

© fotoknips | Fotolia.com

Herbstbingo – Vorlage

© Verlag an der Ruhr | Autorin: Aline Kurt | ISBN 978-3-8346-3668-3

Fliegender Wechsel

Zeitbedarf	ca. 20 Minuten	
Alter	ab 4 Jahren	
Material	- Herbstbilder (S. 72/73) - Karteikarten (alternativ: Pappe) - Kleber - 1 Schere - 1 Locher - Wolle	Für jedes Kind: - 1 Stuhl

Vorbereitung

Kopieren Sie die Bildvorlagen. Stellen Sie die Stühle im großen Kreis auf.

So geht's

1. Jedes Kind schneidet ein anderes Bild aus und klebt es auf eine Karteikarte. Lochen Sie diese und fädeln Sie ein Stück Wolle hindurch, das Sie verknoten. Alle Kinder tragen nun ihre Umhängeschilder um den Hals.
2. Benennen Sie zunächst gemeinsam noch einmal die abgebildeten Herbstwörter.
3. Wie beim bekannten Spiel „Obstsalat" schlüpfen die Kinder nun in die Rollen ihrer Bildkarten und werden kurzerhand zum Blatt, Igel oder Apfel. Nun heißt es für die Kinder: gut aufpassen. Rufen Sie zwei Herbstwörter (z. B. Kastanie und Eule oder Kartoffel und Pflaume). In Windeseile müssen nun die Kastanie und die Eule ihre Plätze tauschen, während Sie bis drei zählen.
4. Verfahren Sie auf diese Weise, bis alle Kinder mindestens einmal ihren Platz getauscht haben.
5. Sobald Sie „Fliegender Wechsel!" rufen, müssen alle Kinder ihre Plätze tauschen.
6. Um die Schwierigkeit zu erhöhen, können Sie einen Stuhl aus dem Kreis entfernen und ein Kind in die Mitte bitten, das die Anweisungen gibt. Beim Tauschen der Plätze muss dieses Kind versuchen, sich einen Platz zu sichern. Das Kind, das dann keinen Platz findet, bleibt in der Mitte und gibt nun die Anweisungen.

Kartoffel unter Strom

Zeitbedarf	ca. 10 Minuten	
Alter	ab 5 Jahren	
Material	1 Messer 1 Kopfhörer	Für jedes Kind: 1 große Kartoffel 1 Nagel 1-Cent-Stück

So geht's

1. Erzählen Sie den Kindern, dass Sie heute gemeinsam ein spannendes Experiment durchführen wollen, für das Sie Kartoffeln benötigen. Die Kinder dürfen zunächst erzählen, was sie über die tolle Knolle wissen: Wie sehen Kartoffeln aus? Wo wachsen sie? Wie schmecken sie?
2. Jedes Kind erhält eine Kartoffel, die es vorsichtig aufschneidet. Dabei darf die Kartoffel nicht völlig zerschnitten werden. Helfen Sie den Kindern dabei, falls nötig. Passen Sie genau auf, dass die Kinder sicher mit dem Messer hantieren und sich nicht verletzen.
3. In die Schnittstelle stecken die Kinder nun nebeneinander das Cent-Stück und den Nagel. Die beiden müssen sich berühren.
4. Zum Schluss stecken die Kinder abwechselnd den Kopfhöreranschluss zwischen das Cent-Stück und den Nagel.
5. Nun setzen die Kinder nacheinander den Kopfhörer auf und beschreiben ihr Erlebnis.

Tipp

Bei dem Knistern, das die Kinder wahrnehmen, handelt es sich tatsächlich um Strom, der durch eine chemische Reaktion der beiden Metalle entsteht.

Nüsse vergraben

Zeitbedarf	ca. 10 Minuten
Alter	ab 3 Jahren
Material	Für jedes Kind: ❧ 1 Stoffbeutel ❧ 10 Wal- oder Haselnüsse

Vorbereitung

Füllen Sie für jedes Kind einen Stoffbeutel mit Nüssen.
Wählen Sie im Freien eine geeignete Fläche mit vielen Versteckmöglichkeiten für die Nüsse aus. Ideal ist ein kleines Waldstück oder eine Grünfläche mit dichtem Busch- und Baumbestand.

So geht's

1. Am Ausflugsort angekommen, erhält jedes Kind einen vorbereiteten Beutel mit Nüssen. Erzählen Sie den Kindern, dass Eichhörnchen und Mäuse hier im Herbst Nüsse verstecken, um einen Vorrat für den Winter anzulegen. Überlegen Sie gemeinsam, wie die Eichhörnchen das machen.
2. Die Kinder schlüpfen nun in die Rolle eines Eichhörnchens oder einer Maus und verstecken ihre Beute einzeln im näheren Umfeld.
3. Sobald alle Nüsse versteckt sind, bitten Sie die Kinder zurück an den Ausgangspunkt. Hier dürfen die Kinder zunächst von ihren Erfahrungen berichten.
4. Anschließend schwirren die Eichhörnchen und Mäuse erneut aus und müssen all ihre Vorräte wieder einsammeln. Dabei müssen sie darauf achten, alle zehn Nüsse wiederzufinden. Wer zum Schluss die meisten Nüsse eingesammelt hat, wird zum Sieger gekürt.
5. Machen Sie die Kinder darauf aufmerksam, dass echte Eichhörnchen und Mäuse zwar einen Großteil ihrer Nüsse wiederfinden, aber eben nicht alle.

Herbstregen

Zeitbedarf ca. 30 Minuten (ohne Wartezeit)

Alter ab 3 Jahren

Material

- 1 Gartenschaufel
- mehrere Blumentöpfe
- 3 Eimer
- Frischhaltefolie
- 1 Schere
- 1 Gießkanne

Für jedes Kind:

- 1 Löffel
- 1 hohes Glas mit großer Öffnung
- 1 Handvoll Kies
- 1 Handvoll Holzkohle
- 1 Handvoll Erde
- 1 Wiesenpflanze mit Wurzel (z. B. Löwenzahn)

Vorbereitung

Graben Sie für jedes Kind eine Wiesenpflanze aus. Achten Sie darauf, die Wurzelballen nicht zu beschädigen. Bis zur weiteren Verwendung können Sie die Pflanzen in Blumentöpfen zwischenparken. Stellen Sie Kies, Holzkohle und Erde jeweils in einem Eimer bereit.

So geht's

1. Fragen Sie die Kinder, was sie mit Regen verbinden. Machen Sie dabei den Anfang, indem Sie Ihre Assoziationen nennen (z. B. „Wenn ich Regentropfen sehe, freue ich mich, denn sie fühlen sich so toll auf der Haut an“).
2. Erzählen Sie den Kindern, dass Regen für das Wachstum der Pflanzen ganz wichtig ist. Ohne ihn gäbe es keine Ernte im Herbst. Die Pflanzen brauchen Regen, um wachsen zu können. Heute wollen Sie sich deshalb einmal gemeinsam anschauen, wie denn Regen eigentlich entsteht.
3. Teilen Sie jedem Kind die benötigten Materialien aus. Unter Ihrer Anleitung füllen die Kinder ihr Glas zunächst jeweils mit einer Schicht Kies, einer Schicht Holzkohle und einer Schicht Erde.
4. Mit dem Löffel graben die Kinder ein Loch durch die Schichten und pflanzen vorsichtig ihre Wiesenpflanze hinein. Überstehende Wurzeln werden zusätzlich noch mit etwas Erde abgedeckt. Die Pflanze muss so tief im Glas eingepflanzt werden, dass seine Öffnung abgedeckt werden kann.

Herbstregen

5. Nun benötigt die Pflanze noch etwas Wasser, bevor die Gefäßöffnung mit Frischhaltefolie gut abgedichtet wird. Die Kinder müssen beim Gießen vorsichtig sein, um die frischen Schichten nicht aufzuwirbeln.
6. Stellen Sie die Gläser in die Sonne auf die warme Fensterbank. Am nächsten Tag können Sie gemeinsam bestaunen, wie winzige Regentropfen von der Innenseite der Folie auf die Pflanze niederregnen.
7. Bitten Sie die Kinder, ihre Erfahrungen zu beschreiben.

Tipp

Bei schönem Wetter können Sie die Gläser auch im Freien befüllen. Das schafft nicht nur eine tolle Verbindung zur Natur, sondern sorgt obendrein noch für eine saubere Kita.

Goldener Oktober mit allen Sinnen

Zeitbedarf 30 Minuten

Alter ab 3 Jahren

Material (für 8 Kinder)

- 1 Messer
- 1 Schale
- 2 Birnen
- 2 Äpfel
- 5 Pflaumen
- Küchenpapier
- 4 Teller
- 8 Walnusskerne
- 8 Haselnusskerne
- 1 Handvoll Walnüsse
- 1 Handvoll Haselnüsse

Für jedes Kind:

- 1 Augenbinde (Schal o. Ä.)

Vorbereitung

Waschen Sie das Obst. Achteln Sie anschließend jeweils eine Birne und einen Apfel, nachdem Sie das Kerngehäuse entfernt haben. Entsteinen Sie vier der fünf Pflaumen und halbieren Sie diese. Verteilen Sie das klein geschnittene Obst gleichmäßig auf den Tellern. Legen Sie dort auch die Nusskerne bereit. Das restliche Obst sowie die Nüsse richten Sie bitte in der Schale an.

So geht's

1. Nehmen Sie mit den Kindern am Tisch Platz. Erzählen Sie ihnen, dass Sie etwas mitgebracht haben, und stellen Sie die Schale in die Tischmitte. Die Kinder betrachten und ertasten das Obst und die Nüsse und beschreiben ihre Wahrnehmungen.
2. Jedes Kind sucht sich einen Partner. Nun erhält jedes Team einen vorbereiteten Teller. Verbinden Sie jeweils einem der Kinder die Augen. Der sehende Partner reicht dem nicht sehenden nun nacheinander die Obststücke und Nusskerne, die er probieren darf. Wer kann, darf den Geschmack beschreiben und die Obstsorte benennen. Anschließend werden die Rollen getauscht.

Tipps

- Klären Sie unbedingt im Vorfeld mögliche Allergien der Kinder auf die Obst- und Nusssorten ab. Weichen Sie in diesem Fall auf Alternativen aus.
- Achten Sie darauf, dass jedes Kind eine eigene Augenbinde hat, um die Übertragung von Bindehautentzündungen zu vermeiden.

Stürmisches Wetter

Zeitbedarf	ca. 45 Minuten	
Alter	ab 3 Jahren	
Material	- 16 dicke Äste - 2–3 leere Toilettenpapierrollen - 16 große Steine - Kreppklebeband	Für jedes Kind: - 1 halbe Walnussschale

Vorbereitung

Bauen Sie aus den Ästen, den Toilettenpapierrollen und den Steinen einen kleinen Parcours. Markieren Sie zunächst mit dem Kreppklebeband eine Start- und Ziellinie. Legen Sie dazwischen eine Art Straßennetz aus den Ästen und Steinen. Bauen Sie hier ruhig auch Kurven und Kreuzungen mit ein. Die Toilettenpapierrollen symbolisieren Tunnel, die ab und an auftauchen. Fixieren Sie diese mit dem Kreppklebeband direkt am Boden.

So geht's

1. Zeigen Sie den Kindern den vorbereiteten Parcours. Erzählen Sie, dass gleich ein wilder Herbststurm durch die Kita fegen wird.
2. Jedes Kind erhält nun eine halbe Walnussschale, die es auf die Startlinie legt. Immer zwei Kinder dürfen gleichzeitig ihre Walnusshälften durch den Parcours pusten. Das Kind, das den stärksten Sturm erzeugt und seine Walnusshälfte als erstes durchs Ziel jagt, hat gewonnen.
3. Da das Spiel den Kindern erfahrungsgemäß viel Freude bereitet, können Sie es beliebig oft wiederholen.

Tipps

- Mit diesem Spiel kräftigen die Kinder ihre Lippenmuskulatur. Eine starke Lippenmuskulatur ist unabdingbar für eine genaue Aussprache.
- Achten Sie darauf, dass die Kinder sich nicht verausgaben oder ihnen schwindelig wird.
- Alternativ können Sie den Parcours auch auf einem Tisch aufbauen.

Zahlen-Igel

Zeitbedarf	ca. 30 Minuten
Alter	ab 4 Jahren
Material	Vorlage „Zahlen-Igel" (S. 83) Pappe (DIN A4) Kleber 1 Schere Filzstifte Buntstifte Für jedes Kind: 1 Würfel 6 Wäscheklammern aus Holz

Vorbereitung

Kopieren Sie die Igel-Vorlage auf DIN A4 (135 %) vergrößert für jedes Kind.

So geht's

1. Jedes Kind erhält eine Igel-Vorlage, die es auf Pappe klebt und grob ausschneidet. Nun dürfen die Kinder ihre Igel bunt anmalen.
2. Im Anschluss teilen Sie den Kindern die Wäscheklammern aus, die jeder auf einer Seite mit den Zahlen von 1–6 und auf der anderen Seite mit den Würfelaugen von 1–6 beschriftet. Helfen Sie den Kindern, die die Zahlen noch nicht schreiben können. Die Wäscheklammern sind Igelstacheln.
3. Nach den Spielvorbereitungen kann es losgehen. Vor jedem Kind liegen die Igel-Figur und die sechs Wäscheklammern. Reihum dürfen die Kinder würfeln. Der jüngste Spieler beginnt. Er steckt den Stachel mit der gewürfelten Zahl an seinen Igel. Danach ist der nächste Spieler an der Reihe.
4. Ist der entsprechende Igelstachel bereits am Igel befestigt, muss der Spieler aussetzen. Gewonnen hat, wer zuerst alle Stacheln am Igel befestigen konnte.

Tipp

Auch jüngere Kinder können das Igel-Spiel durchführen. Arbeiten Sie hier mit farbigen Wäscheklammern und einem Farbwürfel.

Zahlen-Igel - Vorlage

Illustration: Petra Lefin | ISBN 978-3-8346-3668-3

Schnecke, Schnecke, dein Haus ist weg!

Zeitbedarf ca. 15 Minuten

Alter ab 3 Jahren

Material
- 1 (leeres) Schneckenhaus

Für jedes Kind:
- 1 Sitzkissen

Vorbereitung

Legen Sie die Sitzkissen in einem großen Kreis aus.

So geht's

1. Nehmen Sie mit den Kindern im vorbereiteten Sitzkreis Platz. Auf freiwilliger Basis übernimmt nun eines der Kinder die Rolle der Schnecke und legt sich in die Kreismitte. Seine Augen sind geschlossen. Das Schneckenhaus liegt neben der schlafenden Schnecke.
2. Zeigen Sie nun leise auf ein anderes Kind, das zum Dieb werden darf und der Schnecke das Haus stibitzt. Dabei muss der Dieb natürlich ganz leise sein, um die schlafende Schnecke nicht zu wecken.
3. Hat der kleine Dieb seine Aufgabe erledigt, schleicht er zurück zu seinem Platz. Alle Kinder nehmen nun ihre Hände auf den Rücken und rufen laut: „Schnecke, Schnecke, dein Haus ist weg!" Aufgeweckt vom lauten Rufen, begibt sich die Schnecke nun auf die Suche nach ihrem Haus. Sie darf drei Kinder verdächtigen, ihr Haus gestohlen zu haben, indem sie auf sie zu kriecht. Gelingt es dem Kind auf diese Weise, das verlorene Schneckenhaus zu finden, geht es zurück an seinen Platz und der Dieb wird nun zur Schnecke. Gelingt es nicht, so führt das Kind eine weitere Runde als Schnecke durch.

Tipp

Sie finden kein leeres Schneckenhaus? Kein Problem! Wandeln Sie das Spiel kurzerhand in „Eichhörnchen, Eichhörnchen, deine Nuss ist weg" um und verwenden Sie eine Hasel- oder Walnuss anstatt des Schneckenhauses.

Blätter-König(in)

Zeitbedarf	ca. 30 Minuten (ohne Vorbereitungszeit)
Alter	ab 3 Jahren
Material	Pappe Kleber buntes Herbstlaub 1 Tacker 2 große Wannen 1 Sack Erde 1,5 Kilo kleine Kartoffeln 4 Eimer Äste zur Markierung von Stationen ca. 20 Walnüsse Laub 1 Apfel ca. 10 Kastanien ca. 10 Eicheln ca. 40 Pflaumen 2 Schöpf- oder Suppenkellen <u>Für jedes Kind:</u> 1 Löffel

Vorbereitung

1. Füllen Sie die Wannen mit Erde. Verstecken Sie anschließend die Kartoffeln darin. Achten Sie darauf, in jeder Wanne die gleiche Anzahl zu vergraben. Markieren Sie im Hof oder auf der Wiese mithilfe der Stöcke vier große Felder. An **Station 1** (Kartoffelernte) stellen Sie die mit Erde und Kartoffeln gefüllten Wannen auf. Hier liegen auch für jedes Kind ein Löffel und für jedes Team ein Eimer bereit. An **Station 2** (Walnusslauf) markieren Sie eine Startlinie. Als Ziel bereiten Sie einen Laubhaufen in einigen Metern Entfernung vor. An der Startlinie liegen Walnüsse bereit. Für **Station 3** (Kastanien-Boccia) legen Sie einen Apfel und für jedes Kind eine Kastanie bereit. An **Station 4** (Pflaumen-Angeln) stellen Sie zwei mit Wasser gefüllte Eimer auf und legen jeweils 20 Pflaumen hinein.
2. Sammeln Sie gemeinsam mit den Kindern buntes Herbstlaub. Besonders geeignet sind große Blätter mit langen, biegsamen Stielen. Schneiden Sie für jedes Kind einen Pappstreifen in der Länge des Kopfumfangs zurecht und tackern Sie diesen als Krone zusammen. Im Anschluss verzieren die Kinder ihre Krone, indem Sie das Herbstlaub dicht an dicht aufkleben. Legen Sie die Kronen anschließend zum Trocknen zur Seite.

Blätter-König(in)

So geht's

1. Bitten Sie die Kinder, zwei möglichst gleich starke Teams zu bilden. Sobald sich die Gruppen eingefunden haben, zeigen Sie ihnen die vorbereiteten Felder und erläutern die jeweilige Aufgabe.

   ❧ **Station 1: Kartoffelernte**

   Beide Teams versammeln sich jeweils um eine der Wannen. Jedes Kind hat dabei einen Löffel in der Hand. Auf Ihr Zeichen hin beginnen die Kinder mit der Ernte und versuchen, innerhalb von 3 Minuten so viele Kartoffeln wie möglich auszugraben. Dabei dürfen die Erntehelfer jedoch lediglich ihren Löffel und nicht die Hände einsetzen. Jede ausgegrabene Kartoffel muss im bereitgestellten Eimer landen. Gewonnen hat, wer nach Ablauf der Zeit die meisten Kartoffeln eingelagert hat.

   ❧ **Station 2: Walnusslauf**

   An dieser Station stellen sich beide Teams jeweils paarweise hintereinander an der Startlinie auf. Jedes Paar erhält eine Walnuss, die beide Partner lediglich mit der Fingerspitze festhalten. Sobald Sie das Signal geben, laufen die Paare mit der Walnuss in Richtung Laubhaufen. Sobald die Kinder ihre Nuss ins Laub geworfen haben, darf das nächste Paar aus dem Team starten. Fällt die Nuss herunter, muss das Paar zurück auf die Startposition. Das Team, das zuerst alle Walnüsse ins Ziel gebracht hat, ist Sieger. Variante: Wenn Sie mit jüngeren Kindern arbeiten, reicht es auch, wenn diese nur die Nuss aufheben und wieder zwischen die Finger klemmen.

   ❧ **Station 3: Kastanien-Boccia**

   Beide Teams stehen in einer Reihe an der Startlinie. Sie als Spielleiterin legen nun einen Apfel ins Spielfeld. Nacheinander dürfen alle Kinder ihre Kastanie bzw. Eichel werfen. Dabei versuchen sie, möglichst nah an den Apfel zu gelangen. Das Team, dessen Herbstfrüchte am nächsten am Apfel liegen, hat gewonnen. Führen Sie anschließend einen zweiten Durchgang durch, bei dem die Teams ihre Wurfgeschosse untereinander tauschen.

   ❧ **Station 4: Pflaumen-Angeln**

   Beide Teams versammeln sich jeweils um einen der beiden Eimer. Abwechselnd versuchen die Gruppenmitglieder nun, innerhalb von 5 Minuten mit ihrer Schöpfkelle so viele Pflaumen wie möglich zu angeln.
2. Führen Sie abschließend eine Siegerehrung durch, bei der Sie dem Gewinnerteam gratulieren und Ihre gesamte Gruppe zu Blätterkönigen/ -königinnen ernennen. So mildern Sie den Wettbewerbscharakter ab.

Feiern

Herbstfest

Zeitbedarf ca. 120 Minuten (ohne Vorbereitungszeit)

Alter ab 3 Jahren

Material

- Materialien für den Fingerabdruck-Baum (S. 13)
- Liedtext „Alle Blätter sind schon bunt" (S. 61)
- Fingerspiel „Der Herbst ist endlich da" (S. 69)
- Materialien für die bunten Herbstfaltblätter (S. 15/16)
- Materialien für die Geschichte „Mimi hat viel zu tun" (S. 45–48)
- Naturmaterialien (Kastanien, Eicheln, Walnüsse, Bucheckern)
- Zutaten für die Igelkekse (S. 28)
- Zutaten für den süßen Kartoffelkuchen (S. 31)
- Zutaten für die Walnussmilch (S. 35)
- gelbe, rote und orangefarbene Tischdecken
- Glaskrüge

Für jeden Gast:

- 1 Glas
- 1 Teller
- 1 Kuchengabel
- Servietten

Vorbereitung

1. Basteln Sie **zwei Wochen vor dem Herbstfest** mit den Kindern die **Einladungen**, indem Sie gemeinsam den **Fingerabdruck-Baum** im DIN-A4-Format herstellen. Kleben Sie den Einladungstext auf die Rückseite.
2. Studieren Sie **vorab** das Lied **„Alle Blätter sind schon bunt"** mit den Kindern ein.
3. Machen Sie die Kinder **vor dem Fest** mit dem Fingerspiel **„Der Herbst ist endlich da"** vertraut.
4. Besorgen Sie **rechtzeitig** die Materialien und Zutaten:
   - *zum Gestalten der* ***bunten Herbstfaltblätter***
   - *zur Durchführung der Geschichte* ***„Mimi hat viel zu tun"***
   - *für die* ***Igelkekse***
   - *für den* ***süßen Kartoffelkuchen***
   - *für die* ***Walnussmilch***
5. Stellen Sie **einige Tage vor dem Herbstfest** die **bunten Herbstfaltblätter** mit den Kindern her.
6. Sammeln Sie gemeinsam die **Naturmaterialien**.

Herbstfest

7. Weichen Sie **zwei Tage vor dem Fest** die **Walnusskerne** über Nacht in Wasser ein.
8. Bereiten Sie **am Vortag** gemeinsam mit den Kindern die **Igelkekse**, den **Kartoffelkuchen** und die **Walnussmilch** zu. Lagern Sie die Walnussmilch im Kühlschrank.
9. **Dekorieren** Sie den Gruppenraum **am Festtag**. Legen Sie die Tische mit bunten Tischdecken aus. Lassen Sie die Kinder diese mit den **bunten Herbstfaltblättern** und den gesammelten Herbstschätzen dekorieren. Legen Sie ebenfalls Geschirr und Besteck bereit.

So geht's

1. Sobald alle Gäste Platz genommen haben, singen Sie zunächst gemeinsam mit den Kindern das einstudierte Lied vor. Hier dürfen die Gäste natürlich mit einstimmen.
2. Stärken Sie sich anschließend gemeinsam an den vorbereiteten **Herbstköstlichkeiten**, die Sie Ihren Gästen nun servieren.
3. Nach der Stärkung wird es Zeit für zusätzliche Herbststimmung. Diese erzeugen Sie, indem Sie den Gästen die Geschichte **„Mimi hat viel zu tun"** vorlesen und mit den gebastelten Figuren verdeutlichen. Bei der Durchführung können Ihnen die Kinder helfen.
4. Lassen Sie das Fest nach der Vorführung des Fingerspiels **„Der Herbst ist endlich da"** langsam ausklingen.

Erntedankfeier

Zeitbedarf ca. 150 Minuten (ohne Vorbereitungszeit)

Alter ab 3 Jahren

Material

- Materialien für die Papprollen-Eule (S. 9)
- Liedtext „Hejo, spann den Wagen an" (S. 62)
- Materialien für das Obst und Gemüse mal anders (S. 14)
- Zutaten für den Apfel-Crumble (S. 30)
- Zutaten für das Pflaumen-Sorbet (S. 33)
- Zutaten für die Birnen-Maus (S. 32)
- Geschichte „Der glückliche Apfelbaum" (S. 39/40)
- Materialien für das Spiel „Herbstbingo" (S. 71–74)
- Materialien für das Experiment „Kartoffel unter Strom" (S. 76)
- grüne Tischdecken
- Kräutertee
- Thermoskannen

Für jeden Gast:

- 1 Becher
- 1 Teller
- 1 Kuchengabel
- 1 Löffelchen
- Servietten

Vorbereitung

1. Basteln Sie **zwei Wochen vor dem Erntedankfest** mit den Kindern die **Papprollen-Eulen**. Drucken Sie Ihren **Einladungstext** aus und binden Sie diesen um die Eule.
2. Machen Sie die Kinder **vorab** mit dem Lied **„Hejo, spann den Wagen an"** vertraut.
3. Besorgen Sie **im Vorfeld** alle Materialien und Zutaten:
   - *zum Gestalten der* ***Papprollen- Eule***
   - *zum Gestalten von* ***Obst und Gemüse mal anders***
   - *für den* ***Apfel-Crumble***
   - *für das* ***Pflaumen-Sorbet***
   - *für die* ***Birnen-Maus***
   - *für das Experiment* ***„Kartoffel unter Strom"***
4. Kopieren Sie **wenige Tage vor dem Fest** die Vorlagen für das Spiel **„Herbstbingo"** für jeden Gast.
5. Stellen Sie **einige Tage vor dem Fest** gemeinsam mit den Kindern **Obst und Gemüse mal anders** her.

Erntedankfeier

6. Bereiten Sie **am Vortag** mit den Kindern das **Pflaumen-Sorbet** vor.
7. **Einige Stunden vor dem Fest** bereiten Sie gemeinsam den **Apfel-Crumble** vor, sodass Sie ihn **kurz vor Beginn des Festes** nur noch in den **Ofen** schieben müssen. Bereiten Sie nun auch schon mit den Kindern die **Birnen-Mäuse** zu.
8. Decken Sie die Tische mit **grünen Tischdecken** ein. Zur **Dekoration** arrangieren die Kinder **Obst und Gemüse mal anders** auf den Tischen. Stellen Sie außerdem Geschirr und Besteck bereit.
9. **Kurz bevor die Gäste eintreffen**, müssen Sie daran denken, den **Apfel-Crumble** in den Ofen zu stellen und das **Pflaumen-Sorbet** antauen zu lassen. Bitten Sie die Kinder derweilen, die **Birnen-Mäuse** auf den Tischen zu verteilen.
10. Kochen Sie den **Kräutertee** und stellen Sie diesen in Thermoskannen bereit.

So geht's

1. Nehmen Sie mit den Kindern und Gästen an den vorbereiteten Tischen Platz. Genießen Sie gemeinsam das **Pflaumen-Sorbet**, die **Birnen-Mäuse**, den **Apfel-Crumble** und den duftenden **Kräutertee**.
2. Verteilen Sie anschließend die **Bingo-Vorlagen** an die Kinder und Gäste und spielen Sie das Spiel gemeinsam.
3. Um ihren Gästen eine kleine Verschnaufpause zu gewähren, lesen Sie ihnen die Geschichte **„Der glückliche Apfelbaum"** vor. Wer mag, darf sich natürlich dazu äußern.
4. Anschließend singen Sie gemeinsam mit den Kindern das Lied **„Hejo, spann den Wagen an"**. Hier dürfen die Gäste gerne mit einstimmen.
5. Führen Sie zum Abschluss mit den Kindern und Gästen das Experiment **„Kartoffel unter Strom"** durch.

Tipp

Ein dekorativer Hingucker auf jedem Erntedankfest ist nach wie vor ein Korb, in dem Sie Herbstfrüchte und Gemüsesorten präsentieren.

Sankt Martin

Zeitbedarf	ca. 60 Minuten (ohne Vorbereitungszeit)
Alter	ab 3 Jahren
Material	❧ schwarzer Tonkarton ❧ bunte Kreide ❧ 6 EL Zucker ❧ lauwarmes Wasser ❧ 1 Schüssel ❧ Küchenpapier ❧ Haarspray ❧ Materialien für die Igel-Laterne (S. 19–21) ❧ Zutaten für die süßen Brezeln (S. 26) ❧ Geschichte „Sankt Martin" (S. 53/54) ❧ Liedtext „Ein bisschen so wie Martin" (S. 66) ❧ Materialien für das Spiel „Fliegender Wechsel" (S. 75) ❧ Tische ❧ Windlichter ❧ 1 Feuerzeug ❧ 1 elektrischer Laternenstab für jedes Kind ❧ Kakao ❧ Thermoskannen Für jeden Gast: ❧ 1 Pappbecher ❧ Servietten

Vorbereitung

1. Stellen Sie **zwei Wochen vor Sankt Martin** mit den Kindern die **Einladungen** her. Legen Sie dazu die bunte Kreide in ein Gemisch aus Zucker und lauwarmem Wasser ein. Sobald sich die Kreide damit vollgesogen hat ist sie einsatzbereit. Der Vorgang dauert ca. 20 Minuten. Im Anschluss erhält jedes Kind einen Bogen schwarzen Tonkarton, den es mit der Zuckerkreide bemalt. Fixieren Sie die Gemälde zum Schluss mit Haarspray und kleben Sie ihren **Einladungstext** auf die Rückseite. Denken Sie unbedingt daran, die Eltern auf witterungsbedingte Kleidung hinzuweisen.
2. Besorgen Sie **im Vorfeld** die Materialien und Zutaten für:
   - *die **Igel-Laterne***
   - *die **süßen Brezeln***
   - *das Spiel **„Fliegender Wechsel"***
3. Überlegen Sie, wo Sie einen kleinen **Umzug** am besten durchführen können. Besonders schön ist es natürlich, wenn Sie dazu das **Gelände der Kita** nutzen können, da bestimmt das ein oder andere Kind zwischendurch auch einmal die Toilette benutzen muss.

Sankt Martin

4. Üben Sie mit den Kindern **ein bis zwei Wochen vor dem Fest** das Lied **„Ein bisschen so wie Martin"**. Kopieren Sie **einige Tage vor der Feier** die Vorlagen für das Spiel **„Fliegender Wechsel"** und stellen Sie die Karten für die Kinder her.
5. Bereiten Sie **am Vortag** die **süßen Brezeln** zu und bewahren Sie diese in luftdicht verschließbaren Gefäßen auf.
6. **Kurz bevor die Gäste kommen**, kochen Sie den **Kakao** und halten diesen in **Thermoskannen** warm. Stellen Sie **im Freien** einige Tische auf. Darauf **dekorieren** Sie die **Windlichter**. Stellen Sie den **Kakao** und die **süßen Brezeln** darauf bereit.

So geht's

1. Sobald alle Gäste eingetroffen sind, schalten die Kinder ihre **Igel-Laternen** ein.
2. Gehen Sie gemeinsam den ausgesuchten Weg ab. Singen Sie dabei gemeinsam mit den Kindern das einstudierte Lied.
3. Am vorbereiteten Stand angekommen, stärken sich alle erst einmal mit warmem **Kakao** und **süßen Brezeln**.
4. Lesen Sie den Kindern und Eltern die Geschichte „Sankt Martin" vor. Die Bilder zeichnen sich Kinder und Eltern gegenseitig auf den Rücken.
5. Den Abschluss bildet das Spiel **„Fliegender Wechsel"**, das Sie gemeinsam mit den Kindern und evtl. ein paar Erwachsenen im Stehen durchführen.

Tipps

- Auf jeder Sankt-Martins-Feier sind auch Liedklassiker wie „Sankt Martin, Sankt Martin" immer gerne gesehen.
- Bei schlechtem Wetter muss das Fest natürlich nicht ausfallen. Führen Sie es einfach in der Kita durch.

Laternenfest

Zeitbedarf ca. 60 Minuten (ohne Vorbereitungszeit)

Alter ab 3 Jahren

Material

- Geschichte „Der Drache im Baum" (S. 42–44)
- Material für die bunten Eulenlaternen (S. 22/23)
- Lied „Die Laterne leuchtet" (S. 64)
- Spiel „Schnecke, Schnecke, dein Haus ist weg" (S. 84)
- Zutaten für die gesunden Nussriegel (S. 34)
- Zutaten für den Kürbiskuchen (S. 29)
- Zutaten für den Herbst-Shake (S. 36)
- Butterbrottüten
- Wachsmalstifte
- Teelichter in hohen Gläsern (z. B. Marmeladengläsern)
- weiße Tischdecken
- Glaskrüge
- elektrische Laternenstäbe

Für jeden Gast:

- 1 Teller
- 1 Glas
- 1 Kuchengabel
- Servietten

Vorbereitung

1. Gestalten Sie ca. **zwei Wochen vor dem Laternenfest** einen **Einladungstext** und drucken Sie diesen aus. Lassen Sie die Kinder Sonne, Mond und Sterne darauf malen.
   Besorgen Sie **rechtzeitig** alle Materialien und Zutaten:
   - *zum Gestalten der **bunten Eulenlaternen***
   - *für das Spiel **„Schnecke, Schnecke, dein Haus ist weg"***
   - *für die **gesunden Nussriegel***
   - *für den **Kürbiskuchen***
   - *für den **Herbst-Shake***
2. Basteln Sie **mindestens eine Woche vor dem Laternenfest** gemeinsam mit den Kindern die **Eulenlaternen**, die sie nach dem Fest mit nach Hause nehmen dürfen.
3. Üben Sie das Lied **„Die Laterne leuchtet" mehrfach** mit den Kindern.
4. Stellen Sie mit den Kindern die **Tischdekoration** her. Dazu bemalen die Jungen und Mädchen **Butterbrottüten mit herbstlichen Motiven**. Verwenden Sie dazu am besten **Wachsmalstifte**.
5. Bereiten Sie **am Vortag** mit den Kindern die **gesunden Nussriegel** und den **Kürbiskuchen** vor.

Laternenfest

6. Decken Sie **einige Stunden vor der Feier** die Tische mit **weißen Tischtüchern** ein. Zur **Dekoration** arrangieren Sie gemeinsam mit den Kindern die **bemalten Butterbrottüten** auf den Tischen. Jeweils mit einem **Teelicht im Glas** versehen, werden diese im Handumdrehen zu **stimmungsvollen Windlichtern**. Decken Sie die Tische auch mit Geschirr ein.
7. Stellen Sie die **Eulenlaternen** bereit.
8. Denken Sie, **kurz bevor die Gäste kommen,** daran, den **Herbst-Shake** vorzubereiten und die **gesunden Nussriegel** und den **Kürbiskuchen** bereitzustellen.

So geht's

1. Zur Begrüßung erhält jeder Gast einen **Herbst-Shake**.
2. Nehmen Sie anschließend gemeinsam mit den Eltern und Kindern an den vorbereiteten Tischen Platz. Genießen Sie beim gemütlichen Zusammensein die **gesunden Nussriegel** und den **Kürbiskuchen**. Erarbeiten Sie anschließend gemeinsam mit den Kindern die Bildergeschichte **„Der Drache im Baum"**. Dabei können jüngere Kinder die Bilder halten und ältere die Geschichte mit Ihrer Hilfe erzählen.
3. Spielen Sie anschließend gemeinsam mit den Kindern und Gästen das Spiel **„Schnecke, Schnecke, dein Haus ist weg"**. Räumen Sie dazu die Tische und Stühle kurzerhand zur Seite.
4. Nutzen Sie die freie Fläche, um gemeinsam mit den Kindern zum Abschluss das Lied **„Die Laterne leuchtet"** anzustimmen. Dabei dürfen die gebastelten **Eulenlaternen** natürlich nicht fehlen. Die Kinder dürfen die Laternen vorsichtig im Takt der Musik schwingen.

Tipps

- Mit jüngeren Kindern können Sie auch die Igel-Laternen herstellen. Die Anleitung und Vorlage finden Sie auf Seite 20/21.
- Das Laternenfest können Sie natürlich auch im Freien durchführen. Denken Sie in diesem Fall daran, die Eltern auf entsprechende Kleidung hinzuweisen.
- Auch hier können Sie klassische Laternenlieder, wie z. B. „Ich geh mit meiner Laterne", einbringen.